KB119677

연구방법으로서의

내러티브 탐구

Leonard Webster · Patricie Mertova 공저 | 박순용 역

학지사

역자 서문

　인간을 인간답게 해 주는 특징 중 하나는 인간이 '이야기(story)' 형식을 빌려 언어를 매개로 일상적이거나 특별한 경험을 타인과 공유할 수 있다는 것이다. 이야기는 인간의 상호작용에 있어서 필수불가결한 요소로, 소통의 매우 큰 부분을 차지한다. 언어인류학에서는 이야기를 통해 타인과 소통할 수 있는 언어적 특성으로 위치이동(displacement)의 개념을 소개하고 있는데, 이는 시간과 공간을 자유로이 넘나들며 말을 통해 우리의 생각과 경험을 전달할 수 있는 능력을 의미한다. 이러한 특징은 간접 경험을 통해 시행착오를 줄이고, 학습을 단축시키며, 공감대를 형성함으로써 일체감을 느끼게 하는 인간 삶의 중요한 일부분이다. 우리는 어렸을 때부터 이야기를 통해 적절한 행동양식과 윤리규범을 배우고, 커서는 다른 사람들과의 대화 중 많은 부분을 자신의 직간접 경험에 대한 '이야기하기(storytelling)'에 할애한다. 소설이나 영화도 등장인물의 이야기가 전개되는 형식 속에 독자와 관객이 몰입하고 즐기도록 구성된다. 이렇게 우리 삶 속에 소통의 한 방식으로 없어서는 안 될 이야기는 우리에게 영향을 줄 뿐 아니라 우리의 모습을 반영한다. 우리는 알게 모르게 이야기를 통해 우리의 정체성을 만들어 나가고 수시로 확인하기도 한다. 무엇을 어떻게 이야기하는가는 곧 우리가 어떤 경험을 하고 어떤 생각을 가진 사람인지를 드러내어 준다. 즉, 이야기는 개인 간의 소통 방식일 뿐만 아니라 역동적인 인간 삶의 근저에 있는 세계관, 인생철학, 생활양식, 시대상 등이 고스란히 담겨 있는 문화의 보고(寶庫)이다. 따라서 이야기에 대한 분석과 이해는 개인과 그 개인이 속한 사회의 참모습을 들여다볼 수 있는 또 하나의 창구를 마련하는 것과도 같다.

　이와 같은 맥락에서 이야기를 사회과학 연구의 수단이자 대상으로 삼는 것 또한 인간을 대상으로 하는 연구(human-subject research)에 있어서 중요한 하나의 접근방법이 될 수 있다. 그러나 모든 이야기가 자료가 될 수는 없기 때문에 자료로서 활용 가능한 형태의 이야기, 즉 내러티브(narrative)가 연구의 중심이 된다. 내러티브란 개인의 주관적인 직간접적 경험 세계를 타인이 이해하고 공유할 수 있도록 재구성하는 모든 이야기 형식의 전달 수단을 말한다. 또한 내러티브는 주관적 해석이 담겨 있는 모든 유형의 경험이 압축된 표현의 발로이다. 내러티브 탐구(narrative inquiry)는 수집한 내러티브 자료를 통해 연구대상인 제보자의 독특한 체험과 그 안에 녹아 있는 특정한 삶의 방식, 세계관 그리고 내부자적 논리를 파악해 나가는 일련의 연구과정이다. 또한 면담과정에서 제보자 자신이 내러티브를 구성하는 방식 자체도 연구의 중요한 부분이 될 수 있다. 즉, 어떠한 흐름을 통해 어떤 이야기를 재구성하고, 자신이 경험한 사건들과 관련된 사실(fact)을 어떻게 편집하여 제시하며, 경험에 대해 사회문화

적 맥락이 반영된 의미를 어떻게 부여하는가도 연구자가 주목해야
하는 부분들이다.

　이야기는 인류 역사와 늘 함께해 왔지만 내러티브를 연구방법 차
원에서 본격적으로 활용하기 시작한 것은 비교적 최근이다. 물론 문
학비평이나 언어학, 철학 분야에서는 오래전부터 꾸준하게 이야기를
대상으로 내용 분석, 담화 분석, 담론 분석 등을 발전시켜 왔다. 그러
나 사회과학 연구에서 인간의 사고와 행위에 초점을 맞춘 질적 연구
의 한 형태로 체계를 갖추어 내러티브를 다루게 된 것은 그리 오래
되지 않았다. 내러티브 탐구는 지난 20년 동안 다양한 학문 영역에
서 급속도로 확산된 질적 연구의 주목받는 한 형태이다. 이야기 자
체를 연구의 주요 대상으로 다루는 접근 방식은 새로운 형태의 과
학적 지식을 추구하는 방법으로서의 격상을 목적으로 이미 1969년
에 Tzvetan Todorov에 의해 '내러티브학(narratology)'이라고 명
명되기도 했다. 그러나 내러티브가 본격적으로 사회과학 연구에서
널리 사용된 것은 1980년대 이후의 해석학적 관점의 수용과 확산
이 이루어진 시기와 일치한다고 볼 수 있다. 그리고 Clandinin과
Connelly(2000)의 『내러티브 탐구: 질적 연구에서의 경험과 이야기
(Narrative inquiry: Experience and story in qualitative research)』[1]
라는 안내서가 발간된 이후 교육학과 일반 사회과학에서 내러티브
탐구가 체계적인 연구방법으로 다시 한 번 주목받게 되었다. 이 책
에서 Clandinin과 Connelly는 내러티브 탐구의 '3차원적 공간'을

....

1)　Clandinin, D. J. & Connelly, F. M. (2000). *Narrative inquiry: Experience
　　and story in qualitative research*. San Francisco, CA: Jossey-Bass.

구성하는 개념으로 개인적·사회적 상호작용(interaction), 시간의 연속성(continuity) 그리고 상황(situation)을 제시하고, 이 3차원적 공간 안에서 경험이 이야기되고 탐구될 수 있다고 했다.

오늘날 다양한 연구자는 필요에 따라 각자 조금씩 다른 의도와 목적을 위해 내러티브 탐구를 사용하고 있다. 특히 자료의 분석과 결과의 제시 방식에서도 연구자에 따라 상당한 차이를 보일 수 있다. 일례로, Polkinghorne(1995)[2]은 내러티브 탐구를 수집된 이야기의 활용방법에 따라 패러다임적 유형(paradigmatic type)과 내러티브 유형(narrative type)으로 분류한다. 패러다임적 유형은 자료로서 수집된 이야기들의 공동 주제나 개념적 포괄성을 중심으로 한 자료의 분류와 항목화에 주의를 기울이고, 내러티브 유형은 이야기의 전개에 대한 분석과정에 그 초점을 맞춘다. 전자는 개념에 대한 지식을 얻게 하고, 후자는 특정 상황에 대한 이해를 구하게 하는 데 주력한다. 이와 같은 유형 분류도 의미 있으나 최근 들어서는 내러티브의 활용이 방법론적으로 세련되고 분화하는 추세를 보이고 있다. 자문화기술지(autoethnography), 사실적 픽션(factual fiction), 문화기술 소설(ethnographic novel), 생애사 연구(life-history research), 자서전적 글쓰기(autobiographical writing), 글쓰기 치료(writing therapy) 등 기존의 내러티브 탐구가 갖는 형식적 제약이나 구성적 틀을 벗어나 다른 양상으로 각각 발전되고 있다. 이처럼 질적 글쓰기의 자유롭고 창조적인 특성에 힘입어 내러티브의 활용은 보다 다

....

2) Polkinghorne, D. E. (1995). Narrative configuration in qualitative analysis. In J. A. Hatch & R. Wisniewski (Eds.), *Life history and narrative*. London & New York: RoutledgeFalmer.

양한 실험적인 시도로 이어지고 있다.

이러한 맥락에서 Leonard Webster와 Patricie Mertova가 2007년에 공동으로 발간한 이 책은 질적 연구를 수행하고자 하는 많은 이에게 훌륭한 길잡이가 될 것이다. 그들이 서문에서 밝힌 바와 같이 집필 동기는 내러티브가 연구의 대상이나 수단으로서 귀중하고 요긴하다는 설득력 있는 주장은 많이 발견되지만, 정작 그것을 어떻게 활용할 수 있는지에 대한 총체적인 설명을 해 주는 서적이 전무하다는 현실에서 비롯되었다. 같은 이유에서 나는 이 책을 처음 접했을 때 내러티브 연구에 관심이 있거나 자신의 연구에 활용할 생각이 있는 이들에게 꼭 필요한 내용이라는 확신을 갖게 되었다. 그리고 비단 내러티브를 활용한 연구뿐만 아니라 질적 연구의 본질을 이해하는 데도 좋은 지침서가 될 수 있을 것이라고 믿는다. 원제목인 'Using Narrative Inquiry as a Research Method: An Introduction to Using Critical Event Narrative Analysis in Research on Learning and Teaching'에서도 알 수 있듯이 내러티브 탐구에 관한 개론서로서 기존의 내러티브에 대한 여러 가지 설명과 활용방법을 잘 정리하여 명쾌하게 제시한 점이 이 책의 장점이다. 무엇보다도, 많은 연구자와 예비 연구자가 내러티브 탐구에 대해 궁금해할 수 있는 부분들을 조목조목 짚어 줌으로써 앞으로의 연구를 계획하고 수행하는 데 도움을 줄 것이다. 아울러 이 책은 내러티브 탐구에 대해 가질 수 있는 혼란이나 오해를 불식시키는 데도 일조할 것이다.

이 책은 어떤 틀에 갇힌 형식을 요구하는 교과서는 아니다. 이 책의 내용을 기초로 삼아 자신의 연구에서 내러티브를 충분히 잘 이용

하기 위한 보다 창의적인 방법을 개발하고 우리 언어의 장점을 발휘
할 수 있도록 다듬는 작업은 연구자들 모두의 몫이다. 우리나라에서
도 교육학, 인류학, 심리학, 여성학, 상담학 등 여러 분야에서 내러티
브 탐구를 연구방법으로 선택한 논문들이 늘어나고 있는 추세를 감
안할 때, 이 책이 많은 연구자에게 훌륭한 지침서 역할을 하게 되기
를 기대해 본다. 끝으로 바쁜 가운데서도 번역과 교정에 도움을 준
김화정 선생께 감사를 표하고 싶다.

2017년 9월
박순용

우리는 연구를 가르치고 배우는 데 있어서 인간 경험의 이야기를 활용하는 하나의 연구 접근에 대한 개요를 서술하고자 하였다. 이 접근은 파헤치고 추려 내는 성향의 다른 연구 전통에서 잡아내지 못한 인간사의 복잡성을 이해 가능한 총체적인 관점으로 제시하는데, 이와 관련된 우리들 자신의 경험은 경이롭고 탐구적인 것이다.

그러나 경험에 대한 이야기를 사용한 우리의 여정이 관련 문헌의 산만한 속성으로 인해 종종 지연되고 혼돈스러워진다는 것을 알게 되었다. 이와 더불어, 내러티브 탐구가 항상 연구방법으로만 받아들여지지 않고 내러티브가 일반적인 용어로 지칭되면서 연구방법 내의 자료수집의 수단인 것처럼 보이기도 했다. 때로는 내러티브가 거의 활용 자체를 통해서만 신뢰성이 주어지는 것으로 간주되기도 했다. 내러티브 및 내러티브 탐구에 대한 관련 문헌을 조사하는 가운데 우리는 왜 내러티브가 연구방법으로 요긴한가에 대한 중요하고 주목할 만한 주장들을 많이 접하게 되었다. 그러나 우리는 연구자가 내러티브를 연구방법으로 어떻게 사용해야 하는지에 대해 포괄적으로 설명하는 그 어떤 문헌도 발견할 수 없었다. 따라서 우리는 경험에 대한 내러티브/이야기를 연구방법으로서 어떻게 활용했는지에 대해서뿐만 아니라, 이를 우리가 가르치는 과목의 평가방법으로서도 설명을 제공하려 했다.

우리는 이 책이 연구에서 경험에 대한 내러티브/이야기의 활용을 고려하는 사람들에게 도움이 되기를 기대한다. 그 특성상, 연구에서 이야기를 활용한다는 것은 연구자가 인간 중심의 학습 및 이와 관련된 복잡성을 총체적으로, 그리고 전통적인 영역 구분을 초월하는 방식으로 살펴보겠다는 바람이 있다는 것을 의미한다. 이러한 점을 감안하여 우리는 내러티브 탐구의 철학과 기초 지식에 대한 개요를 설명했을 뿐만 아니라 수집될 수 있는 방대한 양의 데이터를 '꿰뚫어 볼 수 있는' 비판적 사건 접근(critical event approach)을 활용한 우리의 경험을 제시하고 있다. 이는 연구자로 하여금 데이터로부터 비판적 사건들이 드러나도록 하며, 다른 연구 전통에서 굳건히 뿌리내린 연구결과의 사전 설정을 거부하는 용기를 필요로 한다.

따라서 이 책은 신진연구자와 중진연구자 모두에게 하나의 출발점이 될 수 있도록 하려는 의도로 집필되었다. 연구방법 과목을 담당하고 있는 이들에게 이 책은 내러티브에 대한 하나의 관점을 제시한다. 우리는 내러티브 탐구가 여러 학문 영역에 걸쳐 연구자와 교육개발자들이 공통적으로 맞닥뜨리는 중요한 문제, 즉 인간 중심주의의 복잡성에 대한 문제를 다루는 데 있어서 이상적으로 잘 부합한다고 믿는다. 이 책은 다양한 교수학습 환경에서 내러티브를 연구도구로 사용할 때의 가치와 유용성을 보여 주기 위해 여러 학문영역에서 연구방법으로서의 내러티브 탐구의 적용을 볼 수 있는 배경지식,

연구방법 및 연구사례들을 다루는 장을 포함시켰다.

집필 과정에서 대학원 연구지도 관련자들을 위시하여 모내쉬 대학교와 세계 곳곳의 동료 등 많은 분이 이 책이 나올 수 있도록 성원해 주신 바 있다. 우리가 그러했던 것처럼 다른 이들도 이 보람찬 여정에 동참하기 바란다.

2006년 11월

Leonard Webster, Patricie Mertova

감사의 글

편집과 관련하여 귀중한 조언과 도움을 주신 Bill Potter 씨에게 감사드립니다. 또한 고등교육 연구에서 사용된 내러티브 탐구의 경험 및 교육 개발자로서의 전문적인 경험과 관련된 인터뷰를 해 주신 Sue McNamara 부교수님께도 감사를 표합니다. 선교사업과 이후 대학원 연구 프로젝트에서 활용한 내러티브에 대한 기억을 공유하신 Les Henson 박사님께 감사의 뜻을 전합니다.

더 나아가 '비판적 사건' 이야기를 알려 주신 Jan Holzer 부교수님께 감사를 드립니다. 이는 1989년 이후 체코 고등교육체제의 발전에 통찰을 제공했습니다.

마지막으로, 우리가 맡은 일에 끊임없는 지원과 격려를 아끼지 않는 가족들(Leonard의 아내와 아이들 Jillian, Linda, Stephen, James Webster, 그리고 Patricie의 남편 Tim Horberry)에게 감사를 표합니다.

차례

1장

서론: 왜 내러티브인가

지난 20년 동안 내러티브는 두 가지 방식으로 탄력을 받았다. 교육 연구 문헌에 등장하는 용어로서 회자되는 일반적인 방식과, 최근에 이르러 광범한 분야(철학, 교육, 신학, 심리학에서부터 경제, 약학, 생물학과 환경과학에 이르기까지)에 걸쳐서 사용될 수 있는 잠재력을 가진 신생 연구방법론 자체로서의 구체적인 방식을 통해서이다. 내러티브 탐구는 인간이 경험한 이야기들에서 비롯된다. 내러티브 탐구는 묘사된 이야기들을 통해 연구자들에게 인간들이 세계를 경험하는 방식을 연구할 수 있는 풍부한 틀을 제공한다.

프랑스의 철학자이자 실존주의자인 Jean-Paul Sartre의 책 『말(Words)』(1964)에서 인용하자면 다음과 같다.

사람들은 항상 이야기꾼이다.

그들은 그들의 이야기와 타인의 이야기에 둘러싸여 산다.

그들은 그 이야기들을 통해서 그들에게 일어나는 모든 것을 본다.

그리고 그들은 삶을 되새기는 것처럼 그들의 삶을 살아가려
한다.

내러티브는 교수-학습에서 인간 경험의 복잡함과 미묘함을 다루
기에 매우 적합하다. 이 장에서는 중요한 인생 사건에 초점을 맞추
면서 동시에 전체적인 관점을 탐색하는 내러티브 탐구의 연구 접근
이 광범한 학습 분야에서 연구자들을 위한 중요한 잠재력을 갖는다
는 것을 주장하고자 한다.

내러티브와 인간 경험

내러티브는 고대로부터 인간의 경험과 노력을 묘사해 왔다. 내러
티브는 개인적인 이야기들의 구성과 재구성을 통해 인간 경험을 기
록한다. 내러티브는 우리에게 가장 영향력 있는 사건들을 기록하고
재진술하는 그 자체의 기능 때문에 복잡하며 문화적이고 인간 중심
적인 논점(issues)들을 다루기에 적합하다. 그러한 논점들은 인간 활
동의 많은 영역에서 중요한 역할을 한다.

사람들은 그들이 사용할 수 있는 내러티브에 따라 그들의 삶을 이
해한다. 이야기들은 진공상태로 존재하는 것이 아니라 일생의 개인
과 사회의 내러티브들에 의해서 형태를 갖추기 때문에 새로운 사건
의 관점에서 끊임없이 재구성되어 왔다. 내러티브는 연구자들이 복
합적이고 풍부한 경험을 총체적으로 제시할 수 있도록 한다. 내러티
브는 경험의 시간적 의미를 떠올리게 해 주는데, 사람과 사건들에

대한 자신의 이해가 변한다는 사실을 인식하게 한다.

Carr(1986)에 따르면, 내러티브는 단기간의 기초적인 경험이나 행위에 연관되어 있는 것이 아니라, 오랜 기간을 거치거나 보다 광범한 행위, 경험, 인간 사건들의 연속성과 관련된다. 그는 행위, 삶, 역사적 존재 자체가 내러티브적으로 구성되는 것이라고 주장한다. 그리고 내러티브의 개념은 개인과 사회 모두로서 경험하고 행위하고 살아가는 우리의 방식이며, 우리가 존재하고 시간을 다루는 방식이라고 주장한다.

Dyson과 Genishi(1994)는 우리 모두가 이야기에 대한 기본적인 욕구를 갖고 있으며 우리의 경험은 중요한 사건들의 이야기로 구성된다고 강조한다. 내러티브에서 우리의 목소리는 사회문화적인 세계에 속한 타인의 목소리를 반영하고 있는데, 이와 같이 이야기를 만드는 우리의 방식과 이야기의 내용이라는 두 가지에 의해서 우리는 문화적인 일원임을 증명한다. 내러티브는 실제 삶과 분리되어 있다기보다 그 삶과 의미 있는 연결고리를 만들어 간다고 보아야 한다.

> 이야기는 경험에 내재된 갈등을 이해하고 평가하고 연결 짓는 것을 용이하게 한다. 즉, 현재와 과거, '실제'와 허구, 공식적인 것과 비공식적인 것, 사적인 것과 전문적인 것, 규범적인 것과 색다르고 예기치 않은 것을 말이다. 이야기는 우리 학생들과 우리 자신을 위해 과거보다 풍요롭거나 더 나아지도록 현재를 바꾸고 미래를 만들어 갈 수 있게 도와준다(Dyson & Genishi, 1994, pp. 242-243).

또한 이 개념은 Bruner(1994), Clandinin과 Connelly(2000), Sarbin(1986), Elbaz(1991)가 다음과 같이 표현하였다.

경험된 삶은 이야기된 삶과 분리될 수 없다. …… 삶은 '그것이 어떠했던가'가 아니라 어떻게 그것이 해석되고 재해석되는가, 또 어떻게 진술되고 재진술되는가이다(Bruner, 1994: Dyson & Genishi, 1994, p. 36에서 재인용).

경험은 내러티브적으로 발생한다. …… 그러므로 교육적인 경험은 내러티브적으로 연구되어야 한다(Clandinin & Connelly, 2000, p. 19).

인간은 내러티브 구조에 따라 생각하고, 인식하고, 상상하고, 도덕적인 선택을 한다(Sarbin, 1986, p. 8).

이야기는 곧 가르침이다. 이야기는 교사와 연구자로서 우리가 그 안에 사는 전경(全景)이고, 교사의 일이 의미를 갖는 것으로 보일 수 있게 하는 것이다(Elbaz, 1991, p. 3).

이상의 인용문들에서 살펴본 바와 같이, 내러티브와 인간 경험의 상호 결속은 단순히 통계적인 숫자를 사용하여 경험과 문제들을 요약하는 실험적인 방법들로만 전문적인 경험을 획득할 수 있는 것이 아님을 의미한다. 그러한 접근이 불충분하고 제한적이라는 사실을 충분히 깨닫고 있기 때문에, 이 책은 비판적 사건 내러티브 탐구

(critical event narrative inquiry) 방법을 제안한다. 또한 이 책은 이 방법의 가치를 드러나게 하고, 동시에 잠재적인 결점에 대해서도 경고하고자 한다.

 ## 연구의 대안적인 접근으로서의 내러티브:
최근의 연구 논점

　대안적인 연구방법으로 내러티브 탐구를 제안함으로써, 우리는 양적 방법의 유용성을 폄훼하려는 의도는 절대로 없다. 그러나 우리는 많은 경우에 있어서 양적 연구가 연구의 주체나 현상의 중요한 관점과 관련하여 오히려 비효과적일 수 있다고 믿는다. 예를 들어, 우리는 양적 연구가 종종 연구에서 참여자들이 중요하게 고려하는 복잡한 문제들을 무시하는 경향이 있다는 사실을 발견한다. 이것은 양적 연구가 주로 복잡한 인간 중심의 문제들을 다루는 데 필요한 역량을 갖추지 못하기 때문에 발생한다. 그러므로 내러티브 탐구가 복잡하고 문화적이며 인간 중심적인 논의들을 다룰 때 적합하다는 점에서 공헌할 수 있는 특정한 가치가 있다고 믿는다.

　내러티브 탐구는 사람들의 이야기에서 비롯된다. 내러티브 탐구는 묘사된 이야기들을 통해 연구자들에게 인간이 세계를 경험하는 방식을 연구할 수 있는 풍부한 틀을 제공한다. Bell(2002)에 의하면, 내러티브 탐구는 인간으로서 우리가 임의의 경험에 이야기 구조(story structures)를 부여함으로써 그것을 이해한다는 가정에 근거한다. 우리는 우리가 관심을 갖게 되는 경험의 요소들을 선택하고 우리에게 이용 가능한 이야기들을 반영하는 방식으로 선택된 요소들을 양식화한다. 내러티브는 삶의 객관적인 재구성이 아니라 어떻게 삶이 인식되는가에 대한 해석이다. 그러하기에 내러티브는 제보자의 삶의 경험과 그들의 선택된 삶의 부분들을 수반한다.

내러티브 탐구는 '전체 이야기(whole story)'를 포착하려고 시도하는 반면에, 다른 방법들은 연구된 대상 혹은 특정 관점에서의 현상에 대한 이해를 전달하려는 경향이 있는데, 후자의 경우 종종 중요한 '개입(intervening)' 단계들을 생략한다. 내러티브 탐구는 개인적이고 사회적인 이야기를 둘 다 갖고 있는 인물들이 등장하는 스토리텔링의 형태로써 이 문제들을 연구한다. 내러티브 탐구는 수사적인 구조로서의 내러티브 사용을 넘어서 진술된 이야기에 잠재된 통찰과 전제들의 분석적인 점검을 필요로 한다. 연구에 있어서 내러티브의 핵심적인 공헌은 인간 경험의 연구를 색다른 방식으로 구성한다는 점에 있다. 내러티브의 개념은 연구가 개인적 · 사회적 이야기들의 구성(Jonassen, 1997)과 재구성이라는 관점으로 정교화될 수 있다. 더욱이 내러티브는 이러한 구성이 일어나는 사회적인 맥락이나 문화를 연관 지을 수 있다. 이야기가 등장인물, 관계와 여러 상황의 복잡성을 드러내듯이, 복잡한 문제들도 이러한 방식으로 연구될 수 있다.

내러티브 탐구는, 부분적으로는 전통적인 조사방법들이 인간 행위의 복잡성을 다루는 데 있어 부적합하고 제한적이라고 여겨지기 때문에, 증가하는 다수의 학문 분야에서 실행과 연구를 진행하는 데 있어 탄력을 받아 왔다. 그런데 내러티브 접근을 이용하려는 움직임은 또한 개인에 대한 관심과 지식의 구성에 대한 경험 및 문화의 영

향을 인식하는 보다 포스트모던적인 관점의 철학적인 변화에도 영
향을 받았다. 아울러 내러티브는 전통적인 접근에서는 드러나지 않
는 문제들에 대해서도 민감하다.

> 특정 사건들은 우리 삶의 중요한 부분이 된다. 왜냐하면 그
> 것들은 우리가 누구인가에 대한 의미 있는 정보를 제공하기 때
> 문이다. 또한 이러한 사건들을 묘사하고 이야기하게 해 주는
> 내러티브 형식은 이러한 의미를 이해하고 전달하기 위한 구체
> 적인 구조를 제공한다(Neisser & Fivush, 1994, p. 136).

전통적인 경험적 연구방법은 '타당성'의 개념을 협소하게 만들어
왔다. 그것은 공식적인 체제 내에서 조작하고 실험적인 엄격성에 초
점을 맞추면서 실험과 측정 도구들을 타당성 연구 발견을 위한 최선
의 도구로 간주한다. 반면에, 내러티브 탐구는 확실한 결론을 도출하
려고 애쓰는 것이 아니라, 인간 경험의 언어적 현실(linguistic reality)
에 대한 강조를 유지하면서 이에 대한 발견이 '근거가 충분한' 그리
고 '검증 가능한' 것이 되는 것을 목표로 한다. 내러티브 탐구는 정
확한 '진실'을 표상하기보다는 오히려 결과들이 진실 혹은 사실로
보이도록 '진실성(verisimilitude)'을 추구한다. Karl Popper가 제안
한 것처럼, 우리는 기껏해야 진술의 진실이 아닌 진술의 오류를 나
타낼 수 있다. 그러므로 내러티브 연구의 결론은 일반적으로 개방적
이다(Polkinghorne, 1988).

연구에서의 타당성에 관한 논의에서, Polkinghorne(1988)은 더
나아가 통계적인 결과들이 모집단의 표본 요소로부터 무작위 추출

되어 선택된다는 가능성은 고려하지 않고, 그것이 종종 그 자체로
서 중요한 것으로 해석된다고 지적한다. 내러티브 탐구에서는 하나
의 발견이 중요하다면 그것은 의미 있는 것이다. 또한 양적 연구에
서 '신뢰도(reliability)'는 측정 도구의 일관성과 안정성을 말하는 반
면, 내러티브 연구에서는 현장 기록과 인터뷰 녹취록의 '신뢰가능성
(trustworthiness)'에 관심을 둔다.

> 이야기들은 그들의 설득력을 검증가능성(verifiability)에 두
> 는 것이 아니라 진실에 가까운 진실성(verisimilitude)에 둔
> 다. 이야기들이 진실처럼 들린다면 진실로서 충분할 것이다
> (Amsterdam & Bruner, 2000, p. 30).

양적 연구는 주로 결과를 추구하고 빈번히 경험의 영향력을 자주
간과한다. 반면, 내러티브 탐구는 연구자가 그 경험에 대한 이해를
얻을 수 있도록 한다.

철학, 세계관 그리고 내러티브

연구에 있어서 철학의 공헌을 논의하기 전에, 철학에 대한 기본적
으로 중요한 가정을 유념해야 한다. 이 가정은 철학적인 전통이 기
술적인 진보에 비해 천천히 변화한다는 것이다. 철학적 현상인 진실
과 지식을 이해하고 바라보는 특정한 방식은 전형적으로 수십 년이
걸리고 천천히 변화한다. 이와 달리 교수-학습 모형들은 십 년 혹은

한 세대마다, 혹은 특정한 기술적인 진화에 대응하여 변화할 수 있다. 한 걸음 물러서서 교수-학습에 관한 연구를 보다 넓은 철학적 관점에서 조망한다면, 변화하는 기술적인 유행, 모형이나 이론들에 영향을 덜 받는 연구방법론에 대한 접근들을 발견할 수도 있다.

철학은 세 가지 중요한 영역을 제시한다. 인식론, 해석학, 세계관이 그것이다. 이러한 영역들은 교육 연구 패러다임에 철학적인 사고를 연관시키는 수단을 제공한다. Banathy(1996)는 인식론이 '우리가 무엇이든 안다는 것을 어떻게 아는가?'와 같은 일반적인 질문을 다루는 것, 그리고 아마도 더 중요한 '진실은 무엇인가?'라는 질문을 다루는 것이라고 말한다. 교육 연구와 관련하여, 핵심적인 철학적 문제는 과정으로서의 '학습'과 진실 혹은 배운 것에 기반을 둔 '지식' 간의 관계이다. 교육 연구의 영역 안에서 이러한 지식과 진실에 관한 논의는 Merrill(1996)이 제시한 것처럼 '진실'에 대한 과학적인 이해와 총체적이고 주관적으로 인간 중심의 진실을 이해하는 다양한 패러다임을 대조하는 입장으로 볼 수 있다(Reeves, 1996).

해석의 예술이자 과학인 해석학은 인식론과 진실의 개념을 확장시켜 최근 연구 논의와 관련된 것처럼 진실의 측면들을 보다 광범위한 틀에서 볼 수 있게 해 준다. 해석학은 진실의 인식론적인 개념에 근거하여 '우리는 우리가 아는 것을 어떻게 아는가?'를 이해할 수 있게 하는 모더니즘과 포스트모더니즘의 틀을 제공한다. 따라서 모더니스트 관점을 취한다면, Merrill은 우리는 '우리가 무엇이든 안다는 것을 어떻게 아는가?'가 객관적인 단 하나의 궁극적인 진실에서 비롯된다고 주장할 것이다. 대조적으로, 포스트모더니즘의 틀에서 Reeves는 '우리는 우리가 무엇이든 안다는 것을 어떻게 아는가?'를 주관적이고 다양한 진실 안에서 해석할 것이다.

이러한 모더니즘과 포스트모더니즘의 두 가지 틀은 교수-학습 이면의 사고와 이에 수반되어 진행되는 연구방법에서의 변화에 영향을 끼치고 지속적으로 영향을 주는 철학적인 사고의 중요한 힘으로 규정할 수 있다. 이러한 철학에 내포된 진실의 개념은 현실 인식에 대한 철학의 영향력을 결정한다. 교육 연구 패러다임이 특히 관심을 갖는 것은 바로 이러한 현실의 인식에 있다.

모더니즘과 포스트모더니즘의 틀을 넘어서 현실에 관한 중요한 인식은 세계관으로 나타나는데, 이는 이러한 철학적인 관점들을 자신의 세계관으로 변환하고 각 사례별로 지식의 현상을 결정해 준다.

Henson(1992)에 따르면 '세계관'은 문화 혹은 하위문화 구성원이 공유한 특정 가정, 개념 그리고 전제에 기초한 현실의 인식이다. 세계관은 진술되는 이야기들에 내포되어 있다. 이야기는 교육 연구의 맥락에서 이러한 관점들을 드러낼 수 있는 한 가지 방법이다. 모더니즘은 전통적인 실험 연구에서 옹호하는 입장을 설명할 수 있게 하는 하나의 세계관을 반영한다. 마찬가지로, 포스트모더니즘에 더 가까운 입장을 견지하는 Reeves(1996)와 같은 저자들은 자신들의 세계관에 의거한 주장을 내세울 것이다. 중요한 사실은, 모더니즘과 포스트모더니즘의 철학이 역사적 정체성을 갖는 반면에, 세계관은 모든 시기에 있어서 인간 행위와 경험에 있는 인간적인 요인들과 밀접한 관련이 있다는 것이다.

학문을 넘나드는 내러티브

　지난 20년이 넘도록 내러티브에 대한 관심은 교육 연구의 일반적인 구성 요소로서, 그리고 보다 최근에는 광범한 학문 분야에서 적용되는 연구방법으로서 현저하게 증가했다. 본래 방법론적인 자원들은 문학 연구와 사회언어학에서 제공되었으며 이러한 자원으로부터 다수의 내러티브 탐구 접근이 형성되었다. 그래서 현재 한 가지 내러티브 탐구방법은 없으며, 오히려 여러 가지 방법이 개별 학문 분야 각각에 분산되었다는 것에 주목하는 것이 중요하다. 이러한 개별 내러티브 탐구 접근들은 특히 특정 현장 연구에서 영향력을 갖는 다른 방법론적인 접근들 및 철학과 결합하였다. 앞으로 연구방법으로서의 내러티브 탐구의 확산을 고려할 때, 실용적인 차원에서의 유일한 단점은 그것의 분산되고 단편적인 적용에 있다. 이는 현재 모든 학문 분야를 아울러 연구자들이 내러티브 탐구 접근을 사용할 수 있도록 하는 데 도움이 되는 통일된 내러티브 탐구의 방법론적 접근이 없다는 것을 말한다. 그래서 이 책은 주요 사건(critical event) 내러티브 탐구 접근을 제안함으로써 바로 그러한 학문 간의 간극을 채우려고 한다.

 ## 내러티브 연구의 지지자들

　주요 인물과 사건에 대한 규정은 최근 연구에서 내러티브 탐구의 인기가 늘어나는 맥락을 구성하는 데 일조한다. '내러티브 탐구'라는 용어는 개인적인 스토리텔링에 초점을 두는 교사교육에서 사용된 방법을 묘사하기 위해 캐나다 연구자인 Connelly와 Clandinin(1990)이 처음 사용하였다. 그들은 교육에서 우리가 아는 것은 교육 경험을 서로 이야기하는 데서 비롯된다고 주장한다. 그래서 내러티브 탐구는 일하는 과정에서 우리가 말하고 듣고 읽는 이야기들을 분석하고 비평하는 것과 관련된다. 이는 또한 우리를 둘러싸고, 우리의 사회적인 상호작용에 내재되어 있는 신화(myths)와도 관련이 있다. 종종 이러한 이야기들은 비공식적으로 이야기된다. 우리가 일상생활에서 의미를 구성하고 전달하기 위해 사용하는 일화, 소문, 문서, 학술지 글, 발표문, 매체 및 모든 다른 형태의 글과 유물은 스토리텔링 과정의 도구들이다.

예를 들어, 호주의 내러티브 탐구 대가이자 교육과정 탐구 및 연구방법론의 연구자이며 실천가인 Gough(1991, 1994, 1997)가 있다. Gough는 내러티브 탐구를 해방적인 것으로 보았다. 그는 우리가 우리 자신 및 타인과 세계에 의미를 부여하는 방식들은 주로 우리가 인식하지 못하거나 당연하게 생각하는 이야기들을 통해서 발생한다고 주장한다. 우리가 읽고 듣고 경험하고 말하는 이야기들을 비판적으로 성찰하는 것은 우리가 어떻게 이야기들을 보다 더 책임감 있고 창조적으로 사용하여 그 제약으로부터 우리 자신이 자유로워질 수 있는가를 이해하는 데 도움을 줄 수 있다. Gough(1997)는 내러티브 이론에 의해 자연과학과 인간과학에서의 담화의 형태 그 자체가 이미 내러티브로 정렬되어 있다는 사실을 우리가 깨닫게 된다고 주장한다. 실제로 그는 내러티브 이론이 우리에게 모든 담화가 이야기의

형태를 취한다는 것을 생각하게끔 한다고 주장한다. Gough는 내러
티브의 포스트모던적인 도구가 보다 표준적인 형태의 연구에서는
쉽게 접근할 수 없는 사고와 느낌의 즉흥적인 질감에 더 민감하다고
본다. 그는 탐정소설의 비유를 통해 내러티브를 설명한다. 그 과정에
서 그는 교육 연구에서 과학적 방법들의 결함을 드러내고 내러티브
에 기초한 접근의 필요성을 규정한다. Gough(1994)는 탐정소설과
교육 탐구에 일어난 최근 변화들에 대한 이해는 모더니즘과 포스트
모더니즘의 다양한 개념에서 특징지어진 문화적 변동을 통해서 이
루어질 수 있다고 주장한다. 그 비유를 설명하면서 그는 다음과 같
이 말하고 있다.

> 지난 몇 년에 걸쳐 탐정소설은 사회 탐구 분야에서 특정 문
> 화의 지배적인 형태의 모델과 비평을 제공해 왔다. 연구방법론
> 프로그램을 가르치는 데 있어서 나는 교육 연구를 시작하려는
> 학생들에게 탐정들을 보고 따라 하도록 독려하는 것이 생산적
> 이라는 것을 알게 되었다. 즉, 학생들에게 친밀한 소설 속의 탐
> 정들의 태도를 견지하여 교육 탐구를 진행하고 사회 탐구의 다
> 양한 패러다임 또는 전통들을 조사방법과 연관시키도록 말이
> 다(Gough, 1994, p. 1).

이러한 종류의 상당히 표면적인 분석조차도 교육 연구가 현대 후
기의 문화적인 변화에 수반한 허구적인 묘사방법의 발달과 보조를
늘 맞추지 못할 수 있다는 것을 보여 준다. 교육 연구의 비교를 위해
셜록 홈즈 탐정소설과 이에 내재된 연구방법을 적용하면서, Gough

는 진실을 추구하는 기준을 살펴보고 있다.

셜록 홈즈는 흔히 자연과학의 연구와 일반적으로 연관된 절차들을 모방하는 것처럼 보이지만, 사실과 그것에 부여되는 의미 간에 성립하는 관계들은 소설 속의 탐정들과 자연과학자들에게 있어서는 매우 다르다.

자연과학자들이 발견하는 사실들은 그들 자신에 의해 설계되고 대체로 통제된 상황에서 생성되므로 이미 수많은 해석 행위의 결과인 것이다. 반대로, 소설 속의 탐정들이 부여하는 의미는 주로 범인의 고의적인 은폐 행위에서 기인한다. 하지만 은폐의 문제는 고의든 고의가 아니든 학생들이나 교사들이 관찰이나 면담 대상이 되거나 설문지에 응하는 경우 그들의 말과 행동을 해석할 때 결코 교육 연구와 무관할 수 없다.

고전적인 소설 속의 탐정들이 과학적 합리주의에 따른 관습적인 이해에서 벗어나는 예는 셜록 홈즈의 유명한 대화 중 나타난다.

"당신이 나로 하여금 주목하게 할 특이점이 있나요?"

"간밤의 이상한 개 사건과 관련해서요."

"그 개는 간밤에 아무 짓도 하지 않았습니다."

"그것이 바로 이상한 사건입니다."

홈즈가 무행위(無行爲)에서 의미를 찾고 이해하려는 것, 즉 단서의 부재를 단서로 인식하는 것은 돌이켜 보면 19세기의 과학적 방법에 대한 개념보다 최근 사회 연구에서의 비판적 그리고 포스트비판적 담론과 더 어울리는 듯하다(Gough, 1994, p. 2).

소설 속의 탐정들과 교육 탐구 간에 성립될 수 있는 광범한 비유의 관점에서 볼 때, 이것은 소설 속의 탐정들의 방법이 경찰이 사용하는 보다 전통적인 방법들과 대비되는 무수한 경우 중 하나의 예이다. 물어보게 되는 질문들은 근본적으로 다르며 특정 상황에서의 다양한 관점들을 수립하도록 도와준다. 이러한 각각의 질문은 인간 행위, 이해, 사건에 대한 민감성을 기초로 하는 것 같다.

이미 말한 것처럼, 특정 연구방법으로서의 내러티브 탐구는 내러티브가 교육 연구의 유용한 구성 요소로서 간주되는 일반적인 인식으로부터 시작되었다. 내러티브에 대한 인식을 고양하는 데 있어서 꼭 고려되어야 하는 중요한 두 인물은 미국 로체스터 대학에서 연구했던 Pinar와 Grumet이다. 그들은 1970년대 초에 Pinar(1975a)가 명명한 *currerr*[curriculum(교육과정)의 라틴어원의 부정사로 경험을 강조한다]라는 교육과정 연구의 자전적인 방법을 진전시켰다. Pinar와 Grumet은 실존주의, 현상학, 정신분석과 연극을 기반으로 하여 우리의 교육 경험에 관한 이야기들에 대한 그들의 해석이 어떻게 교육과정 사고와 행위에 영향을 끼치는지를 보여 주었다.

Grumet(1981)은 우리 이야기들의 불가피한 결과와 우리의 태도, 선택 그리고 가치들을 우리가 의식하지 못한다는 점을 강조하며 이런 형태의 탐구를 착수해야 하는 아주 강력한 이유를 제공한다. Grumet은 우리의 개인적인 역사와 희망이 우리가 교육에서 추구하고자 하는 것을 어떻게 구성해 가는지를 보여 주기 위한 방편으로 자서전을 이야기한다. 그는 자서전을 우리가 당연시할 수도 있는 교육적 경험에 대한 비판적인 관점을 얻을 수 있는 방법으로 간주한다. Grumet(1976)에 의하면, 내러티브의 관계는 두 가지 면에서 두드

러진다. 첫 번째로, 경험은 생각의 고삐를 풀도록 하는 것에서 시작
되는 성찰적 과정을 통해 재생되며 내러티브를 맥락화하기 위한 풍
부한 묘사를 제공함으로써 지속된다. 이야기들이 경험의 모든 영역
을 재생하기 때문에 오직 우리가 체험한 경험의 내러티브가 가지는
생생함과 즉시성을 통해서만 교육과정이 재개념화될 수 있다. 두 번
째로, 내러티브가 분석될 때 일상생활에 흔히 숨겨진 이해관계와 편
견이 점검될 수 있도록 드러나게 된다. 텍스트, 픽션, 면담이나 경험
의 기록으로서 내러티브는 우리가 우리의 경험을 어떤 방식으로 이
해하고 정리하려는지를 나타내며 우리의 이해관계와 욕망의 성향과
범위를 드러나게 해 준다. 이러한 방식으로 교육적 경험은 그것의
이해를 향상시킬 목적으로 쓸모 있는 과거와 현재로 재정리되어, 아
마도 변화하는 사회에 필요한 판단력과 새로운 유형의 실천 필요성
에 대한 통찰을 제공할 수 있을 것이다.

내러티브는 또한 인간 활동에 있어서 개인의 내면적 경험을 탐구
하는 수단을 제공한다. Pinar(1975b)는 교육적인 여정 혹은 순례의
유물들, 행위자, 실행에 관한 개인적인 경험의 특성을 탐색할 것을
제안한다. 이는 교육 경험의 연구에 적합한 지식 생성방법에 대한
탐구가 되었다. 요약하자면, Pinar(1975c)의 초창기 내러티브 방법에
대한 설명은 다음 세 단계를 포함한다.

첫째, 개인의 교육 경험을 언어로 전달한다. 둘째, 어떤 원리
와 패턴이 자신의 교육 생애 속에서 작동되었는가를 이해하기
위하여 자신의 비판적인 능력을 사용한다. 그리하여 내면의 세
계를 부분적으로 밝히고 자신에 대한 일반적인 자기이해를 깊

게 할 뿐만 아니라 보다 심오한 자신의 교육적 경험에 대한 이
해를 성취할 수 있다. 마지막 과제는 전기적 시점들을 가로지
르는, 내가 기초적인 교육 구조 혹은 과정이라고 부르는 것을
드러내기 위해 타인의 경험을 분석하는 것이다(Pinar, 1975c,
pp. 384-395).

Graham(1992)은 Pinar가 설계와 목표에 집중하는 기술적 · 이성
적 접근에서 내부적 경험의 본질로 초점을 옮겼다고 주장한다.

내러티브 방법의 매력은 주로 내부적 경험과 외부적 경험을 탐색
하고 소통하는 데 있다. 내러티브 방법은 또한 연구와 실천 사이의
경계를 넘나들 수도 있다. 더 중요한 것은 아마도 시간적 요인들과
변화 속의 소통을 포괄하는 능력에 있는데, 이는 복잡성과 인간 중
심성(human centredness)을 다루는 중요한 특징일 수 있다. 내러티
브의 특징들은 그것들이 제시하는 잠재적인 강점과 풍부함을 위해
탐색될 필요가 있다.

 요약

우리 모두는 우리의 경험들을 중요한 사건의 이야기로 구성하려
는 이야기에 대한 기본적인 욕구를 갖고 있다. 내러티브는 연구자들
이 경험의 모든 복잡성과 풍부함을 총체적으로 표현할 수 있도록 해
준다. 내러티브 연구는 '전체 이야기'를 획득하도록 시도하는 반면,
다른 방법들은 특정 지점에서의 연구된 주제 혹은 현상의 이해를 전

달하려고 하나 빈번히 '개입'하는 중요한 단계를 빠뜨린다. 내러티브 연구는 연구의 결과가 제대로 뒷받침되고 근거가 잘 갖추어지도록 노력하는 것이다. 내러티브 연구는 '진실성'을 추구하며 진실 혹은 실제를 드러내는 결과를 이끌어 낸다.

모더니즘과 포스트모더니즘은 교수-학습과 후속하는 연구방법 이면의 사고의 변화에 영향을 미쳐 왔고 또 계속해서 영향을 미치는 두 가지 주요한 철학적인 사고의 힘으로 특징지을 수 있다. 모더니즘은 진실과 지식의 과학적인 이해와 연합하여 하나의 궁극적이고 객관적인 진실이 있다고 주장한다. 포스트모더니즘은 인간 중심의 총체적인 관점과 관련하여 주관적인 다양한 진실이 있다고 주장한다.

내러티브는 연구와 실제 간의 경계를 넘나든다. 이는 변화하는 시간과 소통의 관점을 다루는 데 적합하며, 복잡성과 인간 중심성이라는 논의들을 다루는 데 중요한 특징으로 고려되어야 한다.

2장
연구에서의 내러티브

　이 장에서는 연구방법으로서의 내러티브에 대해 다룰 것이다. 내러티브는 문제들을 스토리텔링이라는 형태로 연구하는데, 그 이야기들은 개인적이면서 동시에 사회적인 성격을 갖는다. 이것은 인간의 경험을 이해하는 데 틀을 제공함으로써 교수-학습 활동에 관한 연구에 기여한다. 내러티브는 교수-학습 상황이 연출되는 사회적 맥락이나 문화를 드러낸다. 이야기가 등장인물들, 관계들, 배경들의 복잡성을 펼쳐 내듯이, 내러티브는 교수-학습 상황에서의 복잡한 문제들을 드러나게 한다.

　Connelly와 Clandinin이 연구방법으로서 내러티브 탐구를 개발한 이후에 문학에서 사용하던 내러티브의 의미는 '이야기(story)'와 '연구방법으로서의 내러티브 탐구(narrative inquiry research method)'라는 두 가지 의미를 갖게 되었다. 이 책에서는 주로 내러티브를 연구방법으로서의 내러티브 탐구라는 의미로 사용하겠지만, 불가피하게 다른 문헌들에서는 이 두 가지 의미가 혼재되어 사용될 것이다.

이 장에는 1980년대와 1990년대에 나온 자료들이 많이 인용되었으나, 1990년대 중반 이후의 자료는 거의 없다. 그럼에도 불구하고 내러티브 탐구는 꾸준히 인기를 얻고 있다. 이와 같이 확연한 대조를 이루는 점이 이 책을 쓰게 된 한 가지 이유이다. 1980년대에는 연구방법으로서의 이야기 사용이 급격히 증가하였다. 그러나 1990년대 중반 이후 내러티브 연구방법은 문헌상으로 더 이상 큰 기여가 없었다. 더 최근에는 내러티브 탐구방법을 사용한 연구자들이 중요한 이론이나 여러 학문 영역을 포괄하는 내러티브의 유용성을 반영하기보다는 그들이 어떻게 자신의 연구에 내러티브를 이용했는가에 대해 주로 말하고 있다.

연구에서 이야기에 기반을 둔 접근 소개

내러티브 탐구는 삶의 이야기를 포착하고 분석한다는 점에서 인간 중심적이다. 그럼으로써 내러티브 탐구는 의미심장한 세부적인 것도 놓치지 않으며 중요한 삶의 사건들을 기록할 수 있고 동시에 총체적인 관점을 제공한다. 이 특징들은 연구에 필요한 잠재된 가능성을 이야기들에 제공해 준다. 이야기들은 경험이 성장으로 이어지고 이해는 지속적으로 확장되고 변형되며 때때로 비공식적으로 다시 이야기된다는 사실을 반영한다. 아마도 연구 분야에서는 전통적으로 근대 경험주의적 관점이 우세했기 때문에 이야기들이 제공하는 강렬한 통찰이 무시된 듯하다. 하지만 우리의 학습과 이해의 대부분이 구전에 의존하듯이, 우리 문화에서 이야기는 일상의 모든 국면에서 우리를 에워싸고 있다. 많은 사람은 이야기하는 것을 즐긴다. 내러티브 그리고 그것이 기록된 이야기들은 기존의 연구방법에서 드러내지 못했던 인식들을 돋보이게 한다.

내러티브의 배경과 연구 관점으로서의 유용성에 대해 보다 더 알아보는 데 있어 다음의 네 가지 질문은 유용한 틀을 제공한다. 첫 번째 질문은 '왜 내러티브인가?'이다. 이 질문에 대한 답은 교육 연구의 맥락에서 내러티브가 차지하는 중요성과 역사의 탐구와 연결된다. 그것은 교육 연구에서 주요 인물들과 사건들을 내러티브식 접근 발달과 융합시키고 내러티브와 인간 경험 사이에 결정적인 연결고리를 만들고자 한다. 두 번째 질문은 '연구에서 내러티브가 탁월한 점은 무엇인가?'이다. 이 질문에 대한 답은 연구와 그 이면의 사고에서 내러티브의 존재 기반과 확산을 정립시키는 데 도움을 줄 것이다. 세 번째 질문은 '교육 연구에서 내러티브의 특징은 무엇인가?'이다. 이 질문은 교육 연구방법으로서 내러티브가 어떻게 기여하는지, 다방면의 학술적 논문 영역에서 어떻게 그것을 적용할 수 있는지에 관한 것이다. 마지막으로, 네 번째 질문은 '내러티브가 연구에서 인간 중심적 특징을 전면에 내세울 수단을 제공하느냐?'이다. 비록 그 연결이 보다 더 전통적인 연구방법에서는 종종 무시되기는 하지만, 이질문은 내러티브가 어떻게 실제 삶의 상황과 중요하게 연결되는가를 탐구한다.

이어지는 네 절에서는 이 네 가지 질문에 해당하는 답을 제공하고, 연구방법으로서 내러티브의 타당성을 확립할 것이다. 또한 내러티브가 다른 전통적인 연구방법으로는 다루지 못하는 온갖 논의들을 다룰 수 있다는 것을 보여 줄 것이다. 아울러 연구방법으로서의 내러티브 탐구를 이해할 수 있는 틀을 제공할 것이다.

 ## 왜 내러티브인가

이 지점에서 독자들에게 던질 수 있는 몇 가지 질문이 있다.

- 당신이 가장 최근에 들은 이야기는 무엇입니까?
- 언제 그것을 들었습니까?
- 그것에 대해 당신이 기억하고 있는 것은 무엇입니까?
- 당신이 가장 최근에 말한 이야기는 무엇입니까?
- 당신은 그것을 누구에게 말했습니까?

만약에 기억이 절반만이라도 우리를 도와준다면 우리는 이 질문들에 대해 쉽게 대답할 수 있을 것이다. 인간 경험에서 이야기의 중요성은 새삼스럽지 않다. 우리는 항상 이야기들과 함께한다. 우리가 직접 말하고 듣는 이야기뿐만 아니라 기차 안, 은행, 직원실 등 도처에 이야기들이 널려 있다. 매일매일 우리가 맞닥뜨리는 수많은 상황에서 일어나는 스토리텔링의 양은 인간 의사소통에서 가장 중요한 부분이라는 의미를 말해 준다. 우리가 하루 종일 혹은 하루 중 일부라도 이야기를 듣거나 읽지 않고, 혹은 누군가에게 이야기를 하지 않고 보내는 일은 흔치 않다. 우리는 어디서든 항상 이야기로 둘러싸여 있는 상황이기 때문에 이야기들을 당연하게 여긴다.

하지만 연구 상황에서 이야기를 중요하게 만드는 것은 그것의 교육적 가치이다. 우리가 여기저기서 마주치는 많은 이야기와 달리 교수-학습 상황에서 우리가 읽고 듣는 이야기들은 직접적으로 학습 주제에 관한 것이든 혹은 교수 자체의 장점과 단점이든 대부분 우리를 학습으로 이끌어 주는 경향이 있다. 인간 활동으로서의 교수-학습에 관한 내러티브의 근본적인 연결고리는 교육 연구방법으로서의 가치를 직접적으로 가리킨다. 그러나 내러티브의 가치는 단지 교수-학습에 대한 연구에만 국한되지는 않고 다른 넓은 영역, 예를 들어 의학, 과학, 경제학, 정치학, 법학 등에서도 가치를 갖는다.

McEwan과 Egan(1995)은 내러티브가 연구에 기여하는 점을 두 가지로 제시했다. 첫째, 내러티브는 인간 의식의 역사를 제공한다. 이야기는 인류의 인생 여정, 그리고 생각하는 존재로서 발달해 온 변화들과 관련이 있다. 이런 지식, 발견, 탐험에 관한 이야기들은 과학, 예술, 인간 목표와 실천에 관한 우리의 현대적인 인식에서 정점에 이른다. 이 이야기들은 플라톤, 헤겔, 루소, 마르크스, 하이데거와 같은 저명한 저자와 학자들의 이야기들을 포함한다. 이들 내러티브는 문화와 세계관이라는 틀 내에서 인간 진보, 완벽성, 쇠퇴와 손실 등의 이야기들을 포함한다.

둘째, 개인의 의식 차원에서 이야기는 유아기부터 시작해서 청소년기, 성인기를 거쳐 노년기에 이르기까지 개인의 의식을 기록한다. McEwan과 Egan(1995)은 이런 이야기들은 문학에서 가장 자주 재현된다고 말한다. 이런 이야기들은 자서전, 참회록, 전기, 사례 연구, 우화, 그 밖의 다른 많은 교훈적인 형식의 이야기들을 구성한다. McEwan과 Egan(1995)에 따르면 Dewey의 교육철학은 내러티브를 이용한다. Dewey는 의식 수준에서 스토리텔링이나 내러티브를 문해력 및 의식 단계와 연관시킨다.

> 따라서 예컨대 구전 사회였을 때의 의식의 형태는 현대사회
> 에 들어와서 문해력을 성장시키는 데 주요한 역할을 한다. 정
> 신 성장의 역사뿐만 아니라 개별 학습자들의 정신 성장 면에서
> 나중에 일어나는 의식 단계는 발달단계상 이전 단계의 의식에
> 좌우된다(McEwan & Egan, 1995, p. x).

Dewey의 관점에서 보았을 때 내러티브는 인간 의식에 이르
는 수단을 제공하고, 따라서 학습이 일어나는 넓은 범주의 환경에
서 인간 본질의 복잡성에 접근하는 데 강력한 도구가 될 수 있다.
McEwan이 지적했듯이 이야기는 구전 문화에서 중요하다. 서구 문
화가 구전 습관을 존속시키는 한, 한 문화 속의 내러티브는 (넓은 의
미의) 학습에서 중요하고 근본적인 역할을 수행하게 된다는 것이다.
이야기들은 구전 문화의 지적이고 실천적인 자양분을 계속 형
성한다. 내러티브를 다룬 다른 연구들(Britton, 1970; Rosen, 1985;
Hardy, 1977; Bruner, 1986; Geertz, 1973; MacIntyre, 1981)은 학습에
서 내러티브의 중요성을 인정하는 이러한 경향을 지지한다. 이들
연구는 내러티브가 사고와 의도가 이루어지는 내적 환경을 구성하
는 동시에 의사소통을 하고 행동을 하는 외부 환경을 구성한다는
점에서 내러티브가 학습의 과정에서 중요하다고 주장한다. 내러티
브는 생각, 감정, 의도를 알아내기 위해서 표면에 보이는 행위의 내
면을 탐구한다.
만약에 내러티브가 의사소통을 하는 데 근본적이라면, 연구방법

으로서의 내러티브에 관해 예를 들자면, 넓은 의미에서의 교수, 학습, 실행에 관해 좀 더 나은 이해를 제공할 수 있고, 더욱 적합한 교수 도구와 기술을 개발하는 데 기여할 수 있다.

　더 나아가 내러티브는 우리의 시선을 학습자에게로 돌리게 하는 데 이는 의미심장하다. 내러티브에 대한 관심은 보다 전통적인 연구 방법에서는 무시되어 왔던 학습자의 사고와 학습 욕구에 대한 특징들을 부각시킬 수 있다. 연구 패러다임으로서의 내러티브 사용은 최근까지 광범위하게 수용되지는 않았지만 상당수의 학문 분야와 특히 교육 연구 분야에서 점점 늘어나는 추세이다(Theobald, 1998; Toffler, 1998).

 ## 교육 연구에서 내러티브의 출현

　Angus(1995)는 비록 최근까지 연구자들이 내러티브를 회피해 오기는 했지만, 내러티브는 교수-학습에 관한 학문적 글쓰기에서 적합한 방법이라고 말했다. Angus는 교수에 관한 허구적인/비허구적인 내러티브 둘 다 과학적인 방법의 부재로 인식되어 학문적인 영역에서 덜 이용되었으나 과학적인 방법에 비해서 교수에 관해 훨씬 더 이해하기 쉬운 지식들을 제공한다고 지적했다. Ommundsen(1993)에 따르면 몇몇 사회과학자는 그들의 방법론을 개발하는 데 있어 세상에 관한 진짜 이야기가 진실성을 지니기 위해선 반드시 스토리텔링 과정을 인정해야 한다고 주장했다.

　대부분의 교육 연구에서 행해진 전통적인 글쓰기는 교육적 경험

을 재현하거나 그것에 의문을 던지는 데 필요할 수도 있는 내러티브
의 복잡성을 거의 담아내지 못한다. 전통적인 교육 연구와 교사교육
에서 재생산된 스토리텔링 실제는 서구 과학에서 정신적 원동력으
로 간주되었던, Harding(1986)이 '하나의 진짜 이야기를 향한 열망'
이라고 부른 것을 반영한다. 다시 말해, 묘사가 '진짜' 세상을 전체로
놓고 그중에서 정선된 것만을 보여 준다는 점에서 대부분의 경험적
인 교육 연구와 현실주의 문학은 어휘 면에서 유사하다. 스토리텔링
을 실천하는 교육 연구는 아마도 '하나의 진짜 이야기'를 하지 않을
것이다.

   Bruner(1990)의 연구는 교육 연구에서 내러티브 접근방법의 확
산을 보여 준다. 교육실천의 영역에서 영향력 있는 인지심리학자
였던 Bruner는 심리학의 보다 더 인지적인 관점에서 그가 '문화적
심리학'이라고 명명했던 구조주의로 그의 연구 관점을 재조정했는
데, 내러티브가 행동을 이해하기 위한 기초를 제공한다고 주장했다.
Bruner는 사회적 현상을 이해하기 위한 수단으로서 과학적 방법을
부인하지는 않았다. 오히려 그는 과학적 방법과 그것의 기여도를 높
이 인정하지만 내러티브를 (3장에서 논의될) 문학비평과 문학이론의
전통적인 기반을 넘어서 발전시켜야 한다고 주장했다. Gough(1991,
1994, 1997)와 같은 다른 학자들은 교육 연구에 내러티브 방법을 도
입함으로써 Bruner의 주장에 동조했다.

   Gough(1997)는 내러티브 연구가 교육에서 수많은 이론적이고
실천적인 문제들에 접근하는 하나의 방법이라고 말했다. 이러한 견
해는 Gough가 교사이자 연구자라는 점에서 그의 상호 연관된 세계
관과 실천에서 기인한다. 그는 교사 연구자들과 교육 연구자들은 학

습자들, 동료들 그리고 다른 연구자들에게 이야기를 하는 것이라고
보았다.

  교육적 훈련은 또한 다른 이론적 자원들의 필요성을 체험하고
있다. 교사교육의 실천에 대한 생각을 재개념화하려는 맥락에서
Green과 Reid는 다음과 같이 말했다.

> 교사교육과 관련하여 후기구조주의 이론을 고려하면서 우리
> 에게 떠오른 것은 바로 실천이라는 개념을 다시 생각하고 재
> (再)이론화할 필요성과 가치이다.
>   이것은 매우 당연하게 중요한 걱정거리이자 문제가 된다. 그
> 리고 후기구조주의 이론이 제공한 가능성들을 탐색하기 위한
> 시작점에서, 우리는 복잡하고 모순적이며 불합리한 실천으로
> 서의 교육에 관한 어려운 질문들을 던질 수 있고 다룰 수 있는
> 수단을 발견했다. 이러한 질문들은 우리가 평소에 갖고 있었
> 던 깔끔하고 과학적인 지식의 분류들에 '상당히 어울리지 않는
> 다'(Green & Reid, 1995).

  후기구조주의 이론과 철학이라는 관점에서 봤을 때 이론을 정립
하거나 실천하기 위한 범주는 정확하게 인식하기에 너무 복잡해서
근대 과학의 틀이나 보다 더 일반적으로는 근대 담론 내에서는 포획
되거나 감지되지 않는 것임이 분명해진다.

  내러티브를 향한 움직임은 교사의 의도와 동기를 무시하는 과
정-산출 접근식의 행동주의에 대한 대응의 일환이다. 1980년대
와 1990년대 동안 Shulman(1987)과 Elbaz(1991)와 같은 학자들

의 연구를 따라 교사의 지식에 관한 연구들은 일화적이고 내러티
브식의 증거들을 내놓았다(Fullan, 1991). 예를 들어, 교사의 이야
기를 다룬 Connelly와 Clandinin(1990)의 연구는 교수에 대한 연
구에서 내러티브의 타당성에 대한 인식을 끌어올린 예이다. Ball과
Goodson(1985) 및 다른 연구자들은 교사의 삶을 다룬 자전적 연구
에 대한 흥미를 높이는 데 기여했다. 게다가 최근에는 교사들이 저술
한 교실에서의 중요한 사건들에 대한 사례 연구에 대한 관심이 부흥
기를 맞고 있다. 이러한 연구들이 교수 영역에서 수행되어 온 반면
에, 성인교육과 노동 현장의 훈련 영역에서 지도의 역할과 비교될 수
있다. 이런 맥락에서 '교사'는 '지도자'와 유사한 의미로 사용된다.

　　내러티브를 사용하는 것에 대한 또 다른 전망은 연구 논문 분야에
서 찾아볼 수 있다. 연구자가 개인적인 반응과 경험을 표현하기 위
해 사용한 개인적인 글들은 교육에서 석사와 박사 수준의 학위를 얻
기 위한 정당한 영역으로서 수용되었다(Hanrahan & Cooper, 1995).
연구과정 자체를 분석하는 성찰적인 과정도 글쓰기에 포함되는데,
이는 내러티브 연구의 다양한 특징을 탐구한다. 전반적인 글쓰기 과
정에서 내러티브는 시간에 거쳐 변화하는 반복되는 과정으로 볼 수
있다. 전체로서의 연구는 내러티브의 발달로서 간주된다(Connelly
& Clandinin, 1990). 그것은 많은 참여자가 함께 발전시킨 내러티브
이지만, 동시에 전체로서와 각 단계마다 보이는 상호 주관적인 실재
성의 시각을 책임지고 동시에 비판하는 한 사람의 화자에 의해 언급
된다.

　　Hanrahan과 Cooper(1995)는 또한 연구과정 동안 내러티브 탐
구가 급진적인 변화까지 포함한 변화를 수용한다고 주장한다. 이것

은 오직 하나의 일관된 이야기를 보여 주는 부담감을 덜어 주기 때
문에 연구자가 연구를 수행하고 기록하는 과정에서 온전성을 유지
하도록 허용한다. Hanrahan과 Cooper는 내러티브 연구에 관해 다
음과 같이 지적했다.

> 내러티브 연구는 하나의 목소리로 보고하고 한 가지 계열의
> 구조 안에 소속된 듯 연구를 보고해야 하는 전통적인 구속으로
> 부터 나를 해방시켰다. 내러티브 탐구 연구 설계는 지식을 구
> 성하는 과정의 완전하고 필수불가결한 요소로서 변화를 받아
> 들일 수 있다. 그것은 또한 나에게 이론-실천-결론 식의 직선
> 모델이 제안하는 간단한 모델보다 대부분 복잡한 지식으로 구
> 성된 보다 적합한 모델을 제공했다.
> 　내러티브 탐구는 연합적으로 구성된 내러티브 형태의 새로
> 운 지식을 구성하도록 행위자들의 목소리를 허용함으로써 연
> 구자와 행위자들 간의 단절을 극복하는 기회를 제공하기 위한
> 가능성을 보여 준다.
> 　내러티브 탐구는 순수하게 논증적인 이야기보다 다른 실행
> 가들에게 공유된 연구의 기록을 좀 더 이용하기 쉽고 강력하
> 게 제공할 수 있는 잠재력을 가지고 있다(Hanrahan & Cooper,
> 1995).

이 저자들은 다음과 같이 주장하는 Connelly와 Clandinin에게
동의하고 있다.

방법으로서 내러티브의 중요한 매력은 개인적인 것이든 사
회적인 것이든 삶의 경험들을 적절하고 의미 있는 방식으로 만
드는 능력에 있다(Connelly & Clandinin, 1990, p. 10).

내러티브 탐구에 대한 관심은 교육적 실천과 연구 모두를 관통한
다. 내러티브의 탁월함이 부각되는 부분적인 이유 중 하나는 전통적
인 연구방법이 제약이 있고 학습의 복잡성과 양립 불가능하기 때문
이다. 내러티브 접근을 적용하기 위한 움직임은 또한 지식의 구성에
끼치는 경험과 문화의 영향을 인식하고 인간에 관심을 가지는 보다
더 포스트모던한 관점으로 철학적 사고가 변화한 결과이다. 마지막
으로, 내러티브가 인간 활동과 관련되어 있고 전통적 방법으로 드러
나지 않았던 논의들에 민감하다는 사실 또한 중요하다.

 ## 연구방법으로서 내러티브의 특징

모든 이야기의 공통된 특징인 실제 삶의 상황을 부각시킬 수 있는
기능이 내러티브 구조이다. 그것은 단지 한 개인과 사건의 물질적인
연결이 아니라 우리가 줄거리(plot)라고 부르는 연결된 전개라는 사
실이 중요하다. 줄거리는 요소들 간의 연결이라고 정의될 수 있는데,
이는 논리적인 결과도 아니며 연속적이지도 않다. 그 연결은 상황
에 대한 우리의 이해를 돕기 위해 그것을 발전시키거나 열어 나감으
로써 다소 고안된 것처럼 보인다. 내러티브는 과학적 이론이 현상들
간의 필연적 연관성을 반드시 제시해야 하는 것과 같은 방법으로 설

명할 필요가 없다. 내러티브에 요구되는 것은 발생되는 사건들이 어떤 방식으로 행동들을 표현하는가를 드러내는 것이다.

학습 환경에서 행위 간의 연관은 중요하다. 행위들과 그것의 요구에 대한 보다 나은 이해를 통해서 이전에는 무시되어 온 인적 요소가 부각될 수 있다. 이러한 요소들은 예를 들자면 훈련 장치(고공비행 조정 연습이나 의학 모의실험 같은)의 설계로 통합될 수 있다.

이야기들은 경험을 겪는 사람들이 경험이 그들을 어떻게 변화시키는지 관찰할 수 있게 허용해 준다. 우리가 직접 겪어 보지 않고도 이러한 경험의 결과들을 체험하는 방식을 제공하는 것이야말로 내러티브의 역할이다. 내러티브는 인간 진보를 위해 고안된 계획을 강구하고 경험의 이야기로서 그것들을 검사하도록 한다. 경험은 지식 구성에 관해 미묘한 연관성을 지니기 때문에 내러티브는 동시대의 학습이론들과 더불어 하나의 연구 도구로 간주된다.

이야기들은 현실 세계에서 즉시 사용될 수 있는 지식을 포함한다. 많은 경우에 이야기들은 단지 지식을 포함하지 않는다. 이야기들 자체가 우리가 학습자들이 갖기를 원하는 지식이 된다. Kuhns(1974)에 따르면 문화의 참여자가 된다는 것은 공동체의 경험을 한다는 것을 의미하고, 그 경험은 개인들의 내러티브를 통해 표현된다. 따라서 우리가 한 공동체의 일원이라는 우리의 지각은 부분적으로 우리에게 잘 알려진 이야기들의 공유된 지식을 통해 형성된다.

그러나 이야기의 공간, 그리고 연구 자료 원천으로서의 이야기의 온전성은 논쟁의 여지가 있다. 인식론의 논의에 대한 설명이 필요하다. 내러티브에 관한 한 비판은 그것의 주체성에 관한 것이다. 어떤 이야기가 반영되어야 하는지, 어떤 이야기가 고려되지 않아야 하는

지에 관한 질문들이 불확정성의 한 가지 유형으로 대두된다. 두 번째 비판은 연구들이 Clandinin과 Connelly(1990)가 정의하는 '할리우드 효과'에 빠져들어 모든 것이 궁극적으로는 잘 해결되도록 '해피엔딩'을 제공하기 위해 왜곡된다는 우려이다.

내러티브 접근을 채택하는 데 있어서 다음과 같은 유의점들이 있다. 내러티브가 이해를 돕는다는 점에서 매력적이긴 하지만, 내러티브에는 오용될 기회도 존재한다. 이런 측면은 텍스트 안에 숨겨진 혹은 왜곡된 의미와 관점을 지적하는 이론가들이 강하게 제기하였다. 이 논란에 대해 Hauerwas와 Burrell(1989)은 (실험적으로 반복 가능한 자료 대신에) 반드시 행위의 특정한 과정을 다루어야 하기 때문에 실용적인 지혜(즉, 내러티브)는 과학이라고 자처할 수 없다고 주장한다. 그러므로 적절한 배려와 관심을 갖고 다루어지는 주관성은 수용 가능하며 온전하게 접근하려는 방식을 퇴색시키지 않는다.

 ## 연구에서의 인간 중심성과 복잡성

내러티브에 있어서 아마도 가장 중요한 점은 그것이 인간 중심성과 관련이 있다는 것이다. 이러한 특징은 학습자의 실제 인생 경험을 비춰 주며, 동시에 개인의 세계관과 광범위하게 연결되어 있다. 내러티브의 인간 중심적 접근은 연구방법, 행동, 실천, 지식의 전달 그리고 인간 의식에 이르기까지 여러 가지 논의에 침투되어 있다.

Polkinghorne(1988)은 내러티브의 타당도가 결과보다는 의미심장한 분석과 좀 더 깊은 관계가 있다고 주장한다. 또한 그는 신뢰도가 측정의 안정성이라기보다는 메모나 기록의 신빙성에 가까운 것이라고 말한다. Polkinghorne에 의하면, 우리는 내러티브를 사용할 때의 척도를 새로운 방향으로 생각해야 한다. 즉, 타당도와 신뢰도라는 이전의 전통적인 접근 방식에서 사용되던 기준들을 내러티브에 단지 적용하는 것만으로는 부족하다는 것이다. 이에 반해 Huberman(1995)은 추구하여야 할 새로운 척도들로서 접근성, 정직성, 진실성, 진정성, 친숙함, 전이성 그리고 경제성을 거론한다.

내러티브는 인간의 행동과 복잡성을 볼 수 있게 해 준다. 사람들은 자신의 경험, 특히 다른 이들과 함께 겪었던 경험을 내러티브의 형태로 기록하곤 한다. Schon(1983)의 연구에서 밝혀졌듯이, 전문가들이 일하면서 함께 이야기하고 경험한 것들은 그들의 사고와 행동을 이해하고 판단하는 데 사용된다. 실천적 경험을 이야기하는 것은 모든 개인에게 자연스러운 일이다. 내러티브는 우리가 경험을 되새기고 문제를 해결할 때 쓰인다. Gudmundsdottir(1995)가 지적하듯이, 내러티브는 개별 행위자들이 경험에 대해서 이해하고 이를 실천적 지식의 형태로 조직할 때의 도구로 사용된다.

내러티브는 행위와 같이 자리 잡고 있는데, 이는 다시 말해 그것이 학습자 중심임을 뜻한다. 기존에 행위 개념을 파악하고자 했던 연구 접근들은 자연과학적 모델을 따르려는 경향이 있었다. 이 모델은 행위와 이론화 작업을 분리시켰고, 학습자에 대한 외부자적 설명과 해석을 부여함으로써 인간의 행위와 행위 간에 존재하는 상호관계에 대해 그릇된 개념을 초래할 위험이 있다. Carr(1986)는 아리스토텔레스의 행위 개념을 인용하면서, 인간 행위를 설명하고 해석하기 위해서는 '독자적인 방식'의 설명과 이해가 요구된다고 말한다.

이런 경향은 물리과학적 설명으로는 수렴될 수 없다. 따라서 행위의 재개념화는 항공 통제술 같은 고등기술 분야에 큰 영향을 줄 수도 있을 것이다.

Carr(1986)는 내러티브와 행위 개념에 대해 다음과 같은 결론을 내리고 있다.

> 우리는 지금 과거와 미래의 교차 지점인 현재에서 행위들에 직면하나, 반드시 우리는 행위들을 변화의 한 과정으로 이해해야만 한다. …… 행위를 이해하는 작업은 우리로 하여금 그것들이 무슨 목적 때문에 어떻게 변화되었는지에 대해 이야기하도록 한다.
>
> 어떤 행위가 어떻게 현재의 모습을 띠게 되었는지를 알 수 있게 해 주는 역사적 맥락하에 사용된 현재의 행위와 언어 묘사를 통해서, 우리는 비로소 그 행위들의 특성을 온전히 나타낼 수 있을 것이다.
>
> 이야기를 짓고 말하는 인간의 행위 자체는 아주 오래된 것처럼 보이지만, 그럼에도 불구하고 내러티브라는 단어는…… 최근의 것이다. …… 그것은 개방적인 담론의 한 범주이다. 일반적으로 내러티브는 인간의 의식 상태까지 포함해서 사건들의 구성 및 재구성으로 이루어져 있고, 어떤 목적을 향하거나 명확한 직접성을 함축하는 방식 안에서 순서가 조정되거나 위치가 정해진다(McEwan & Egan, 1995, p. 179에서 인용).

말하기는 이런 방식으로 구조를 이루며, 우리의 행위도 마찬가지

이다. 행위에 관한 언어는 행위의 목적을 명확하게 하는 것을 목표
로 한다. 이러한 관계는 우리가 스스로의 행위를 보다 더 의식할 것
과 이를 통해 이해하게 된 것을 토대로 행위가 변화하게 됨을 알도
록 한다.

내러티브는 지식 전달을 위한 하나의 도구이다. 내러티브는 새로
운 생각을 소통하고 이해하는 데에 도움을 준다. 이상하게 들릴지
모르겠지만, 역사상 과학적 전통 속에서 고정되어 있던 몇몇 학문
은 매우 풍부한 내러티브의 전통을 가지고 있다. 특히 항공 분야에
서 승무원들을 위해 비공식적인 훈련을 제공하고 경험에 대한 이야
기를 기록하는 '격납고 이야기(hangar tales)'(Beaty, 1995; Markham,
1994; Gann, 1961 등)에서 우리는 이에 대한 명백한 사례를 찾을 수
있다.

Gudmundsdottir(1995)는 내러티브가 경험을 내러티브적으로
도식화함으로써 새로운 의미를 발견할 수 있게 해 준다고 본다. 시
간이 지남에 따라 이야기와의 연관성은 지식의 전달로 보이게 되며,
불완전한 이야기가 보다 완전한 것으로 되어 가는 과정처럼 보이게
된다.

내러티브 탐구에 있어서 인간 중심성과 서로 밀접하게 연관된 중
요한 또 하나의 측면은 바로 복잡성의 문제이다. 내러티브는 복잡성
을 볼 수 있는 조직적 틀을 제공한다. 내러티브를 사용함으로써 우
리는 인간적 요인을 보게 될 뿐만 아니라 그런 요인들을 학습이론의
범위에서 숙고할 수 있게 된다. 내러티브는 학습 이야기를 통해 서
로 다른 시간 속에서 서로 다른 다양한 전략의 필요성을 보여 준다.
예를 들어, 초급 수준의 기술 행위 단계에서 얻어지는 전략들의 종

류는 전문적 단계에서 얻어지는 보다 심오한 것들(초심자에서 전문가
로 옮겨 가는 동안의)과는 다르다. 내러티브는 시간이 학습과정에서
매우 중요한 것으로 여겨지기 때문에 고차원적 학습이나 전문가적
인 전략을 개발하는 데는 시간이 오래 걸리며 단순화나 축소의 위험
없이 요약될 수 없음이 인정된다. 또한 복잡도가 커지면서, 다양한
학습이론이 포함되는 연구 접근이 요구된다.

연구에서 내러티브를 활용하기

내러티브 연구방법은 내러티브를 구성하는 주요 사건을 다루거나
내러티브 스케치를 하기 위해 묘사적 기술들—장면, 줄거리, 등장인
물 그리고 사건—을 적용한다(Connelly & Clandinin, 1990).

내러티브 연구는 인간 중심적 관점—학생, 교사, 교수자, 환자, 피
고용인 혹은 이와 같은 연구에 관련된 다른 이들의 관점—에서 복
잡성을 탐구하는 데 관심을 가진다. 내러티브 스케치나 중요한 사건
의 본질을 이루는 자료 획득 기술이란 주요 사건들의 줄거리 구조와
장면, 시간을 향상시킬 수 있는 조사, 관찰, 면접, 기록, 대화 등 모두
가 포함될 것이다. 내러티브 틀은 이 모든 기술을 통해 모인 자료의
과잉을 조직할 수 있는 수단을 제공한다.

이런 연구의 결과들은 주요 사건과 관련된 사건 묘사와 인물, 줄
거리, 장면의 형태로 내러티브를 통해 나타난다. 주요 사건에 대한
내러티브의 관계야말로 강력한 조사 도구라고 볼 수 있는 것이다.

내러티브 연구 그리고 질적 연구방법과 양적 연구방법의 혼합

　최근까지도 양적 연구방법과 질적 연구방법은 양분되고, 더 나아가 호환이 되지 않는 것으로 다루어져 왔다. 그러나 최근에는 점점 많은 연구자가 양적 연구방법과 질적 연구방법의 결합이 가지는 중요성을 인정하고 있다. Elliot(2005)은 연구에서 양적 연구방법과 질적 연구방법을 함께 사용했으며, 그것이 바람직한 추세라고 평가한 Laub와 Sampson(1998), Farran(1990), Thompson(2004), Pearce(2002) 등의 인용을 근거로 자신의 주장을 뒷받침하고 있다.

　Elliot(2005)이 지적하듯, 양적 방법을 사용하는 연구자들 중에서는 통계방법에만 의존하는 것보다 이제는 다른 측면, 예를 들어 주체적 인간(human agency, 사람들의 행위 동기와 가치)이나 문화적 영향 그리고 사건의 물리적 면에 대해서 자각하는 이들이 많아지고 있다. 따라서 그녀는 양적 연구방법과 질적 연구방법을 모두 활용한 연구가 각각의 접근법이 가지는 강점을 취할 수 있을 것이라 말한다(Elliot, 2005, pp. 171-172).

　　양적 연구방법은 연구에서 표본을 넘어 하나의 모집단으로 일반화가 가능한 변량들 사이의 확고한 관계를 정립하는 데 유용하다는 점이 증명되어 온 반면, 질적 연구방법은 양적 연구를 사용해서 발견한 관계들의 배후에 깔려 있는 가능한 메커니즘에 대한 증거를 제시했다. 이러한 메커니즘이 개인의 행위 동기와 지각에 의존한다면, 질적 연구방법은 사람들의 선택과 행동 배후 그리고 그들의 경험에 부여하는 의미를 이해할 수 있도록 해 주는 데 유용하다(Elliot, 2005, p. 184).

양적 연구방법과 질적 연구방법들의 장점들을 취하는 데 있어서, 그는 내러티브가 두 방법 사이에서 '반성적' 연결을 지어 주기 때문에 특히 유용하다고 본다. 연구 이슈를 진전시키기 위해서 그는 다음과 같이 제안한다.

내러티브 연구에서 두 방법론(양적 연구방법과 질적 연구방법)이 긴장과 불명료성을 빚고 있다는 사실을 인정하도록 배우는 것이 중요하다. 이러한 긴장이 양적 연구방법과 질적 연구방법 사이의 간극을 유지하려는 헤게모니에 도전하고 위협함으로써 생산적인 결과를 낼 수 있을 것이다(Elliot, 2005, p. 187).

이 책의 저자인 나 역시도 Elliot과 마찬가지로 양적 연구방법과 질적 연구방법을 결합하는 것이 실제로 가치가 있다는 데 동의한다. 양적 연구방법은 큰 표본들의 자료들 사이에서 결합을 도출해 내는 데 그 가치가 있다. 반면, 제시한 (질적 연구방법으로서의) 내러티브 연구방법은 양적 연구방법이 일반적으로는 재현해 낼 수 없는 복잡성이라든지 인간 중심성 및 문화 중심성 등을 보다 더 잘 다룰 수 있다. 그러나 내러티브 탐구방법은 이 책의 후반부에 언급하겠지만 양적 연구방법뿐 아니라 많은 질적 연구방법과 구별되는 가정에 기초하고 있다. 이는 양적 연구와 질적 연구의 타당도와 신뢰도에 대한 개념에 대해 숙고해 보면 특히 명료하게 드러날 것이다.

 요약

내러티브 연구는 특히 교육학 연구에서 점점 주목받고 있는 연구
방법이다. 그러나 전통적으로 경험적 방법을 써 왔던 다른 학문 분
야에서도, 예를 들어 의학, 순수과학, 경제학, 사회학, 정치학 등에서
도, 연구방법으로서 내러티브가 갖는 중요성에 대한 자각이 늘어나
고 있다. 특히 인간의 삶에서 일반적으로 이야기가 갖고 있는 중요
성을 고려해 본다면 이것은 그리 놀랄 만한 일도 아닐 것이다. 연구
에서 내러티브가 갖는 매력적인 점은 (다른 전통적인 연구방법들과 비
교했을 때) 총체적이고 섬세한 방식으로 인간 중심성과 복잡성이라
는 문제를 다룰 수 있다는 점이다. 이와 더불어 무엇보다도 두 방법
론적 접근법이 가지는 장점들을 이용하는 내러티브 탐구와 양적 방
법 간의 결합에도 잠재력이 있다.

3장

내러티브 철학 및 이론의 토대

이 장에서는 내러티브의 철학적 그리고 이론적 토대를 알아본다. 내러티브 탐구의 기원인 민속학과 우화의 초기 분석에서부터, 보다 더 총체적인 연구 접근을 요하는 구조주의적-해석학적-질적 패러다임과 같은 포스트모던 시기를 거치는 현재의 연구 응용 분야들을 살펴본다.

내러티브 탐구 토대의 모델과 이론

이야기는 아이들이 삶에서 마주치는 배움의 첫 번째 형식 중 하나이다. 인생에서 이야기는 우리가 사람들, 사회 및 정보와 상호작용하는 방식을 좌우하고 특성을 부여한다. 이야기는 세대, 역사, 문화의 '실재'이다. 이야기는 삶을 통해 우리의 여정을 반영한다. 이야기는 또한 중요한 연구 도구가 된다는 것을 입증할지도 모른다.

이야기는 고대로부터 인간의 경험과 노력을 묘사했음에도 불구

하고, 20세기에 와서야 이론적 분석에서 부각되기 시작했다. 내러
티브의 이론적 연구는 문학이론에서 기원했다. 20세기에 내러티브
연구에 주력하는 여러 문학과 어학 이론의 학파가 있었다. 그러나
그중 제일 영향력 있는 학파들은 1920년대의 러시아 형식주의(예:
Skhlovskij, Propp, Tomasevskij, Eichenbaum 등)였고, 1960년대에
는 프랑스 구조주의(예: Todorov, Barthes, Bremond, Genette 등)가
뒤를 이었다. 그 당시 내러티브 이론은 다른 용어로는 '내러톨로지
(narratology)'라 불리면서 유행이 되었으며, 문학이론의 기준 학문
들 중 하나로 인식되고 있었다.

전형적인 내러톨로지는 연구에 있어 세 가지 주된 관점을 제시
한다.

- 내러티브 문법(narrative grammar)은 구술(narrated)과 이야기
  (story)에 초점을 두고 있다. 이에 대해서는 Propp, Bremond,
  Levi-Strauss, Todorov, Barthes가 제안하였다.
- 시(poetics)는 구술(narrated)과 내러티브(narrative)/혹은 이
  야기(story)/담론(discourse)의 관계를 이야기한다. 이 접근은
  Genette가 제시하였다.
- 수사적 분석(rhetorical analysis)은 어떻게 이야기의 언어적 중
  재가 그것의 의미와 효과를 결정하는지를 다룬다. 이 접근은
  Jakobson이 활성화하였다.

내러티브 연구의 방법은 최근 10년 동안 점차적으로 탄력이 붙었
다. 흔히 불리듯이, '내러티브로의 전환(narrative turn)'은 큰 충격을

주었고, 1960년대 프랑스 구조주의 이론으로부터 특별히 영향을 받았다. 이를테면, Barthes는 내러티브가 다양한 유형의 구성 방식과 장르로 발현될 수 있음을 언급하면서, 다학문적인 접근을 위하여 다양한 인지적·소통적 행위들을 지원하는 이야기들을 분석할 것을 명백하게 주장한다.

Rimmon-Kenan은 1983년 출간된 그녀의 연구『내러티브 픽션: 현대의 시학(Narrative Fiction: Contemporary Poetics)』에서 그 당시 문학이론에서 새롭게 떠오른 해체주의(deconstruction)가 내러티브 이론을 향상시킨다는 견해를 표명했다. 1980년대 초 이래로 내러톨로지는 여성주의, 바흐친주의(Bakhtinian), 해체주의, 심리분석학, 영화이론, 역사학, 심리언어학, 그 밖의 넓은 범주의 이론적 시각들에 대한 적용을 통해 보다 더 풍요로워졌다. Herman(1999)은 내러티브 이론이 Rimmon-Kenan의 출판물 이래 변형되고 있음을 기술했다. 그는 1980년대 초 이래로 내러톨로지의 구조적인 이론들은 다양한 내러톨로지 분석 모델로 이루어진 내러톨로지들로 진화했다고 제안한다. 특히 1980년대를 거치면서, 내러톨로지는 고전적인 구조주의자들의 단계에서 새로운 방법론과 연구 가설이 넘쳐나는 특징을 가진 포스트모더니즘의 단계로 움직이고 있다.

내러톨로지는 원래 문학 연구를 과학적 엄격성과 기교적인 정확성의 단계까지 끌어올리고자 하는 구조주의적 언어학자들의 포부에 의해서 시작됐다. 내러톨로지는 1969년 Tzvetan Todorov가 Boccaccio의 『데카메론(Decameron)』에 대해 한 분석을 통해서 창안되었다. 내러톨로지는 프랑스 구조주의(구조 언어학)의 깊은 영향을 받았고, 그것은 이야기로 구성된 기호 체계가 가진 의미뿐만 아니라 내러티브로서 지닌 의미에도 초점을 맞추고 있다.

1980년대 초부터 내러티브 접근은 여러 학문에서 인기를 얻기 시작했다. 일부 소개는 내러티브 연구가 유래된 문학 비평주의 분야(예: Mitchell, 1981)에서 나타났다. Carr(1986), White(1981)와 같은 역사학자들은 이야기에는 과거 사건에서 미래 결과로 이어지는 고유의 시간적 흐름(inherently temporal thread)이 있다는 사실을 명확하게 주장했다. 심리학에서 Polkinghorne(1988)은 이야기들을 인문학과 연관 지어 탐구했다. Riessman(1993)은 일부 도입 방법론을 제공했다. Lieblich 등(1998)과 그 외의 사람들은 개인 사례 연구를 통해 이야기들이 어떻게 해체될 수 있는지 보여 주었다. Josselson(1996)은 치료적 분야에서 이야기를 활용하는 데 수반되는 윤리적 문제에 관한 리뷰를 제공했는데, 이는 교육에 시사하는 바가 있다. Bruner(1986, 1987, 1990, 2002; Amsterdam & Bruner, 2000)와 Sarbin(1986)은 '내러티브 전환'을 실행한 주요 학자들이다. 교육 분야에서 내러티브 연구는 주로 교사교육에 초점을 맞추어 왔으며, 교사들의 내러티브가 그들의 실천을 만들고 결정하는 데 영향을 미치는 방식들에 대하여 고찰한다. Schon(1983)은 반영적 행위를 강조한다. Bell(1997), Jalongo와 Isenberg(1995)는 교사들의 목소리와 그들의 이야기를 듣는 것에 초점을 두고 있다. Connelly와 Clandinin(1987, 1988, 1990; Clandinin & Connelly, 2000)은 일반적으로 교육 목적을 위한 내러티브 탐구의 적용방법을 이끌고 있다. 그들의 연구는 교사와 교육 지도자들을 위한 현장에서의 입문을 제공한다. 언어학 교육 분야에서 언어 사용 패턴을 통해 내러티브 이야기들을 제공하는 추세는 비교적 잘 자리 잡혀 있다. 예를 들어서, 문화기술지(ethnographies)를 연구한 Heath(1983)와 학습전기(learner biographies)를 연구한 Davidson(1993)이 있다.

생애사(life stories)가 중요한 전통이 되는 또 다른 학문 분야는 사회학이다. 1920년대 사회학적 연구의 맥락에 있어 생애사에 관한 큰 열광이 있었다. 이 '운동'은 1921년 폴란드의 한 도시인 포즈난의 폴리시 타운 노동자들의 생애사/자서전의 첫 번째 수집을 정리한 Znaniecki가 시작하였다. 그러나 그의 첫 작업은 그의 제자인 Chalasinski에 의하여 국가적이고 되풀이되는 문화적 현상으로 변화되었다. Chalasinski는 그의 책에서 모든 사회계급(소작농 및 노동자)의 구조와 변화는 그들의 자서전들에 대한 분석을 통해 기술되고 이해될 수 있음을 보여 주었다. 표준의 사회적 도구로서의 생애사는 또한 1920년대와 1930년대의 시카고 사회학파(Chicago sociologist)와 관련이 있다. 그러나 그들은 미성년 범죄, 마약 중독과 같은 일탈과 관련된 사회과정에 주된 초점을 둔다. 1940년대에 미국 사회학자들은 완전히 이 기법을 포기했다. 폴란드에서는 광범위하게 지속적으로 이것이 사용되는데, 언어적 한계 때문에 이는 폴란드 밖에서는 알려지지 않은 상태로 남아 있다. Angell(1945)은 22개의 생애사 연구를 진행하였는데, 이 연구들은 Thomas와 Znaniecki(1918-1920), Thomas(1923), Shaw(1930, 1931, 1938)에게서 가장 큰 영향을 받았다. 방법을 평가하는 비판적 논문들에는 Dollard(1935), Becker(1966), Angell(1945), Denzin(1970)이 포함된다.

1970년대 말과 1980년대 초에 유럽 전체의 생애사는 노인들의 인터뷰를 다루고 있는데, 이는 주로 기자들이 썼다. 사회학적 연구 도구로서 생애사의 중요성을 강조한 하나의 주된 사회학적 연구는 사회과학의 범위에서 학자들이 사용한 생애사를 기술한 Bertaux(1981)의 편저서이다.

 ## 교육 연구의 기반이 된 철학

모더니즘과 포스트모더니즘 모두 건축, 예술, 문학 분야에 있어 중요한 현상으로 평가되고 있다. 그러나 또한 사회과학과 같은 다른 영역에도 영향을 주고 있다. Hlynka와 Belland(1991)에 따르면, 모더니즘은 20세기 초의 기계 세대에 대한 반동으로 분류된다. 포스트모더니즘은 컴퓨터와 전자 정보의 시대로 구성되었다. Hlynka는 포스트모더니즘 문학은 사회와 문화에 있어 기술의 영향과 관련한 주된 관심을 반영한다고 주장한다.

모더니즘과 포스트모더니즘 사이의 사고 변화는 일반적으로 '바다의 변화(sea change)'라 불린다. 이 이미지는 해양과 해류가 끊임없이 만나고, 섞이고, 이동하듯이 바다의 큰 변화를 비유할 수 있다. 이 이미지에서 명확한 시작이나 끝은 없다. 마찬가지로 모더니즘과 포스트모더니즘 테두리 사이의 명확한 경계선은 없다. 오히려 양자 간에는 연속적이고 역동적인 흐름이 있다. 교육 연구와 실행의 입장에서 보면, 바다의 변화에 대한 비유는 연구 접근과 그에 따르는 실행에 관한 우리의 관점을 지속적으로 만들어 주고 변화시키는 연속적인 과정과 흡사하다.

모더니즘은 1600년대경 종교개혁 시기에 철학적 기원을 둔다. 모더니즘은 하나님과 기독교에 기인하여 지식과 정의 구현의 수단을 추구했던 17세기 가톨릭 철학자 데카르트와 같은 철학자의 연구에서 그 시초를 찾는다. 마찬가지로 그는 로마 전통에 입각하여 큰 종교 변화의 시기에 믿음 없는 사람들에게 확신을 주려 했다. "나는 생각한다. 그러므로 나는 존재한다."라는 데카르트의 전제는 객관적 과학 전통의 기초가 되었다. 그리하여 진실과 지식은 과학적 근거에 기반을 둔 논리적 형식을 받아들였다. 반어적으로, 데카르트는 그의 믿음을 공유하지 않는 이들과의 대화를 이어 나가기 위해 실제로는 단순히 공통된 기반을 찾았던 것이다. 그는 진리와 지식에 대한 이러한 정의를 완전히 믿지도 않았고 그러한 정의에 전념하지도 않았다.

Carson(1996)은 철학적 관점에서 파생된 방법들이 문화 초월적(trans-cultural), 인종 초월적(trans-racial), 언어 초월적(trans-linguistic)인 면을 지향한다고 강조했다. 간단히 말해, 이러한 방법들에 의해 생산된 어느 지식이든 모든 문화, 모든 인종, 모든 언어를 막론하고 진리로 볼 수 있는 것이다. Merrill과 같은 이론가들이 제시한 전통적인 과학적 접근도 마찬가지라고 거론될 수 있다. 이 객관적 진리는 특별히 과학에 적합하다.

교육 연구에 있어서, 모더니즘의 영향은 협소하게 규명된 결과의 요소와 객관적 · 행동주의적 방식에 관한 개념에서 볼 수 있다. 교육 연구에 있어 모더니즘의 공헌은 단순한 학습 환경과 학습 체계의 가치를 알게 해 준 것이다. 그러나 더 최근의 복잡한 고성능 학습 환경과 체계는 포스트모더니즘이 제시한 것과 같이 더 종합적이고 다양한 철학적 토대가 필요해 보인다.

비교적 최신 철학적 입장인 포스트모더니즘은 각 개인이 '짊어지고 있는 짐(baggage)' 혹은 과거 자신의 경험을 상황에 결부시킨다고 주장한다. 포스트모더니즘 관점에서 보면 객관적인 진리는 없고 진리와 지식은 만들어진 현실(constructed reality, 세계관)이다(Carson, 1966). 따라서 포스트모더니즘은 진리와 지식을 정의하는 접근에 있어 모더니즘과 근본적으로 다르다. 포스트모더니즘은 진리와 지식이 합리적인 사고와 방법론을 통해 형성된다는 사고를 거부한다. 모더니즘은 외면적인 것에 가치를 두는 반면, 포스트모더니즘은 내면적인 것 혹은 '자아(I)'에 가치를 두고 있고 인간 중심적 접근을 더욱 강조한다. 따라서 지식 획득에 있어서 인간 요인들에 본질적인 관심을 두고 있다.

포스트모더니즘은 또한 모더니즘에서보다 학습의 복잡성에 대해 훨씬 더 수용적인 것으로 나타나고 있다. 포스트모더니즘이 인간 요인과 지식 획득, 다시 말해서 학습 영역에 관심을 갖고 있듯이, 포스트모더니즘은 복잡한 고난이도 학습 환경과 체계 연구를 시작하기 위한 더 적절한 철학적 입장인 것 같다.

모더니즘의 객관적 관점을 지닌 과학 분야 내에서도, Polanyi(1964)와 같은 과학철학자들은 인간 지식이 개인적 지식 혹은 개인적 깨우침이고, 과학적 지식은 결코 순수하게 객관적이지 않다고 주장한다. 뿐만 아니라 Carson(1996)은 모더니즘에 기초해 있던 과학적 학계를 벗어나면 대부분의 과학자가 포스트모더니즘의 관점을 가지고 있다고 주장한다. 따라서 세계관 범주에서 맥락에 의해 다시 결정되는 철학적 입장들 사이에 파도의 동작(wave movement) 혹은 바다의 변화(sea change)가 존재하는 것 같다. 문화를 포함시킨 모더니즘과 포스트모더니즘 간의 자연스러운 흐름에 대해 세밀한 검사가 필요하다.

 ## 포스트모더니즘, 세계관, 내러티브 그리고 문화

실용적인 입장에서 볼 때, 모더니즘은 교육 연구에 있어 큰 기여를 했지만 항상 학습의 다양한 차원에 아주 민감하지는 않았다. 교육 연구는 현재 포스트모더니즘의 주된 강점들을 인식하기 시작하고 있다. 예를 들어, 세상은 하나의 세계화된 한 마을이 되어 가기 때문에, 우리는 본질적으로 현재 세계관의 다양성에 대해 더 깊이 주목하고 있다.

Henson(1992)에 따르면, 세계관은 문화와 하위문화(subculture)의 가정, 개념과 전제를 포함한다. Kraft(1979)는 다음과 같이 세계관의 여섯 가지 기능을 강조한다.

① 사물들이 어떻게, 왜, 그렇게 되었는지, 그리고 어떻게, 왜 지속되고 변화하는지를 설명한다.
② 그것은 정렬하고, 판단하고, 입증한다.
③ 집단을 위한 심리적 강화를 제공한다.
④ 문화 혹은 하위문화의 세계관은 문화의 다양한 요소를 통합한다.
⑤ 집단의 세계관은 어느 정도 융통성 있게 작용한다.
⑥ 사람들이 전제하고 있고, 중요시하고 있으며, 발생되는 사건들에 대해 다양한 참여의식, 소속감 및 충성심을 선별, 정렬 및 형성하게 한다.

다음 이야기에서 볼 수 있듯이, 다양한 세계관을 통하여 동일한 사건을 온 세상에 존재하는 다양한 관점으로 관찰하고, 기술하고, 해석할 수 있다.

아내와 내가 수모의 무미나 사람들과 아주 짧은 몇 주를 살았을 때에 내가 처음에 와서 씨를 뿌렸던 빨간 아마릴로 (amarillo) 꽃이 피기 시작했다. 이 빨간 아름다운 꽃은 무미나 의 원로 무속인인 Sakee-enee와 나의 토론에서 중심이 되었 다. "당신은 언제 그것들을 먹을 것인가요?" Sakee-enee가 눈 을 반짝이면서 내가 동조하기를 원하며 나에게 물었다. 난 그 에게 서투른 무미나 언어로 대답했다. "당신은 이 식물을 먹을 수 없어요. 보기 위한 것이지, 먹기 위한 것이 아니죠." Sakee- enee는 긍정의 의미로 눈썹을 추켜올렸지만 회의적인 반응을 보였다. 그는 중얼중얼 대면서 그곳을 떠났다.

그 후 비슷한 대화가 몇 주간 대여섯 번 더 일어났다. 그때마 다 Sakee-enee는 황당해하며 떠나갔다. 어느 날 아침, 그 아 름다운 꽃들이 잘려 나가 있는 것을 내가 발견했을 때 이 일은 끝장났다. Sakee-enee는 자신이 직접 그것을 맛보기로 한 것 이다. 중요한 요지는 우리가 그 꽃을 다른 세계관에서 본다는 사실이다. 그의 세계관은 이렇게 말했다. "당신은 먹기 위해 그 식물을 심어라!" 나의 세계관은 이렇게 말했다. "그 꽃의 아름 다움을 위해 꽃을 심어라!"(Henson, 1992, p. 1)

이 인용문은 우리의 이해 방식에 있어 상황적 맥락과 문화적 영향의 가치를 나타낸다. 세계관에 관한 한 다양한 진실과 주관성에 초점을 두는 포스트모더니즘은 모더니즘의 객관적 환원주의적인 과학철학(objective reductionist scientific philosophy)보다 문화가 내포한 교육 연구 요구사항들을 더 유능하게 다룰 수 있다. Yeaman(1996)은 포스트모더니즘적으로 접근하는 교육 연구에 대하여 모더니즘적 접근과는 전혀 다른 관심사를 지닌다고 주장한다. 포스트모더니즘적 접근의 관심사는 '누가 무엇을 하는가(인물, 줄거리와 시간)', 다양한 목소리(진실), 총체적 관점, 여러 학문과의 관계, 실천적 관심, 개인적 목소리와 사회적 목소리, 윤리적 그리고 문화적 책임감 등의 관계들을 포함한다.

현시대에서의 내러티브 탐구

여러 학문 분야에 걸친 내러티브 탐구의 최근 상승은 전통적인 경험주의 연구방법들이 복잡성, 관점의 다양성, 인간 중심성 등의 논의들을 충분히 다루지 못한다는 인식에서 기인한다. 이 논의들은 내러티브 연구에서 충분히 다루어질 수 있다. 예를 들어, Carter는 교수와 교사 연구에 있어 내러티브의 유용성을 주장한다.

교수와 교사교육의 현대 연구에 있어 이야기의 특별한 매력은 이야기가 (교사들이 다루는) 논의들을 적절히 설명하도록 생각하고 인식하는 방식을 나타내 주는 사실에 토대를 갖고 있다는 점이다(Carter, 1993, p. 6).

Elbaz(1990)는 이야기가 특별히 교사들의 목소리를 공적으로 표현하는 데 있어 왜 적합한지를 다음의 여섯 가지로 설명하였다.

① 이야기는 이해되기 위해 암묵적인 지식에 의존한다.
② 그것은 의미 있는 맥락에서 일어난다.
③ 그것은 구조를 통해 표현되는 스토리텔링 전통을 필요로 한다.
④ 그것은 배워야 할 도덕적 가르침을 내포한다.
⑤ 그것은 사회적으로 용인된 방법 내에서 비평적인 목소리를 낼 수 있다.
⑥ 그것은 스토리텔링에서 화자와 청자의 대화, 생각과 행동의 불가분성을 반영한다.

Polkinghorne(1990)은 인문과학 연구 결과에서 논리적 확실성을 추구할 경우 통계적 방법 활용의 불충분성을 지적했다. 그는 또한 인문과학은 '믿을 만한(believable)' 그리고 '있을 법한(verisimilar)' 결과를 만들도록 목표를 가져야 한다고 제안했다. 그는 사람들이 종종 통계적 결과에 대하여 '연구 결과는 모집단에서 추출된 표본 요소들에서 도출될 수 있는 결과이기 때문에 제한된 사고'라는 점을 고려하지 않고 연구 결과에 중요한 의미를 부여하며 해석한다는 사실을 지적한다. 그는 "내러티브 연구에 있어…… 만약 결과가 중요하다면 그것은 의미심장해진다."라고 강조하였다(Polkinghorne 1998, p. 176).

Polkinghorne은 양적 연구에서 '신뢰성(reliability)'은 측정 도구의 일관성과 안정성으로 간주되는 반면, 내러티브 연구에서의 신뢰성은 자료분석의 강점으로 간주되며 현장 기록과 인터뷰 전사의 '신뢰가능성(trustworthiness)'에 주목한다고 주장한다. 내러티브 분석의 목적은 "자료의 공통된 주제와 줄거리를 들춰내는 데 있다. 여러 예가 되는 이야기 속에서 기초가 되는 패턴들을 기술하기 위해 해석학의 기법들이 활용되어 분석이 진행되었다"(Polkinghorne, 1988, p. 177).

Yoder-Wise와 Kowalski(2003)는 이야기를 창조하는 주요 이유들을 목록화했다.

- 반복적인 주제를 찾아보라 – 개인의 가치, 중요성, 관심, 흥미, 경험 등을 나타내는 행동들은 무엇이었는가?
- 결과를 찾아보라 – 결정한 선택의 원인과 영향을 진단해 보라.
- 교훈을 찾아보라 – 나중의 행동이나 행위에 영향을 끼칠 만한 무엇을 배웠나?
- 무엇이 효과적이었는지 찾아보라 – 개인적 그리고 전문적인 성공에 있어 다시 생각해 보고 반성하라. 본질적으로 기여한 요인(예: 타이밍, 원인, 비전 등)은 무엇인가?
- 취약성을 찾아보라 – 문제에 관한 더 효과적 접근을 탐구하도록 청자들에게 자극을 주는 데 실패한 것과 같은 실수들을 확인하라.
- 미래 경험을 구축하라 – 임의의 상황들을 감당하기 위한 시나리오를 어떻게 만들 것인가?
- 다른 원천을 탐구하라.

Clandinin과 Connelly(2000)는 내러티브의 중요한 구성 요소로서 줄거리(emplotment), 등장인물, 장면, 장소, 시간, 관점을 제시한다. 그들은 교실에서 일어나는 교사들의 관계에 따라 내러티브를 맥락화하고 전통적인 경험주의적 접근에 비교하여 내러티브 접근을 정의한다. 전통적 방법에 의하면 교사들은 이미 정해진 목적과 주어진 결과를 추구해야 하는 교과과정 프로그램의 시행자라고 그들은 지적한다. 반면, 내러티브 연구에서 교사들은 목표를 정하고 업적 달성에 참여하듯이 교과과정의 한 부분으로 간주된다.

Clandinin과 Connelly(2000)는 그들의 접근들이 차이가 나는 주요 논의들을 지적한다.

- 일시성(temporality)
- 맥락(context)
- 사람
- 행위
- 확실성(certainty)

Clandinin과 Connelly가 명명한 '그랜드 내러티브(grand narrative, 수십 년 동안 이 분야를 지배한 전통적인 경험주의적으로 접근하는 내러티브)'에서는, 연구하는 시점에서도 현상들은 시간을 초월한다고 본다. 반면, 내러티브 연구에서 '일시성'은 중심적인 특징이 된다. '맥락'은 내러티브 연구에 있어 항상 존재한다. 그것은 시간적인 상황, 공간적 상황, 다른 사람들의 상황과 같은 유형들을 포함한다. '그랜드 내러티브'가 '맥락'을 인정함에도 불구하고, 그것은 본질적으로 맥락에서 벗어나 자유로운 방식으로 진행하여 모든 맥락에 적용할 수 있는 새로운 분류를 만들려고 시도한다.

　내러티브 탐구에서 교육과정, 목표 그리고 성과의 측정은 교사와 학생 같은 서로 연관된 '사람'들을 반영할 필요가 있다. '그랜드 내러티브'는 근본적으로 인간에게서 동떨어진 개념(people-free notion)을 만들어 낸다. 내러티브 탐구는 교육과정 행위들을 교사와 학생의 내러티브 역사가 교실에서 표현된 것으로 해석한다. 따라서 Connelly과 Clandinin은 시험을 통한 학생들의 학업 성적은 어떤 것을 가리키는 내러티브 기호(sign)라는 것을 강조한다. 반면, '그랜드 내러티브'는 학생들이 얻은 인지 수준의 직접적인 증거라고 본다. 내러티브 접근에서는 불확실한 감정이 나타나는데, 이는 마치 다른 가능성 있는 해석들이 가능하다는 사실을 명심하면서 그 상황에서 최선을 다하는 것이다. 전통적인 접근들은 '확실성'을 극대화하기 위하여 노력한다.

　전통적인 경험주의적 접근과 내러티브 접근은 또한 이론에 관해서도 차이가 난다. 경험적 접근은 이론에서 시작한다. 이론은 연구를 위한 구조적 골격으로 설계되었다. 그러나 내러티브 접근은 구체화된 연구에 구현된 이론과 행위 사이를 끊긴 데 없이 연결하고, 문헌은 이론과 실천의 소통을 가능하게 만든다. 경험주의적 접근은 Clandinin과 Connelly(2000)가 '실천에 있어 신의 눈과 같은 관점(god's eye view)'이라 칭한 것을 나타낸 반면, 내러티브 접근은 이야기들의 줄거리(plotlines)를 만드는 것과 관련한 목소리의 다양성(multiplicity of voices)을 잡아내려 시도한다.

　Riessman(1993)은 내러티브가 어느 한 분야의 학문 영역에 명백하게 제한되지 않고 본래적으로 다학문적인 사실이라는 점을 강조했다. 그녀는 또한 내러티브의 상황성과 연결성을 지적한다. 즉, 개인의 내러티브는 특별한 상호작용뿐 아니라 해석에서 생략하면 안되는 사회적·문화적·조직적 담론 안에 위치하고 있다.

　　Adler(1997), Greenhalgh와 Hurwitz(1999)는 의학사 기록 작성에 있어서 더 뛰어난 형태로서 내러티브 접근의 가치를 강조했다. 그들은 내러티브 접근이 더 적절한 진단이나 처치 방안을 제시하도록 의사들에게 도움을 줄 수 있으며, 더불어 의사와 환자의 관계를 더 개선시킬 수 있다고 주장한다. Hellman(2005)은 최근 병에 관한 이야기들이 증가하는 것을 인정한다. 이 추세에 관한 그녀의 설명은 의학에 활용되는 내러티브 접근의 인간적인 면을 보여 주지만, 동시에 복잡성 논의에 있어서도 암시를 주고 있다.

　　　환자들의 경우, 병 관련 내러티브(illness narrative)의 증가는 모든 병을 생명의학적 모델 내에서 고려하는, 갈수록 더 복잡해지고 기술적이며 병원 기반적인 건강 시스템에서 벗어나 그들의 병을 개선하는 것이 그들에게 필요하기 때문일지 모른다 (Hellman, 2005, p. 4).

　　Greenhalgh와 Hurwitz(1999)는 내러티브 방법론의 총체적 본성을 강조한다.

　　　병의 내러티브적 상황을 이해하는 것은 총체적으로 환자의 문제를 접근하는 것뿐 아니라 진단과 진료의 대안들을 보여 주는 기반을 제공한다(Greenhalgh & Hurwitz, 1999, p. 2).

마찬가지로, Amsterdam과 Bruner(2000)는 법에 있어서 내러티브의 중요성을 주목한다.

> 법은 내러티브 위에 살고 있다. …… 한 가지, 법은 스토리텔링으로 가득하다. 의뢰인들은 변호사들에게 이야기를 말한다. …… 의뢰인과 변호사들이 이야기하면서, 의뢰인의 이야기는 곤경과 전망을 재배열한다. 판사와 배심원들은 설명, 심의, 판결, 조사 결과, 의견 등의 형식으로 그들 자신에게 혹은 서로 간에 이야기를 다시 한다. 이 끝없는 이야기, 배열, 재배열은 법학의 행위에 있어 본질적이다(Amsterdam & Bruner, 2000, p. 110).

> 내러티브는…… 법학의 필요불가결한 담론이다. …… 이것을 인식하는 것은…… 법률적 절차에 있어 스토리텔링의 가능성을 풍성하게 하는 것을 향한 중요한 디딤돌이다(Amsterdam & Bruner, 2000, p. 113).

그들은 내러티브의 주요 특징을 다음과 같이 나타낸다.

> 내러티브와 그것의 형식은 그것들을 추상적으로 묘사하려고 하는 이론가들을 위해 조용히 앉아 있지 않는다. 그것들은 매우 상황에 민감하고, 쉽게 변하고, 다목적적이고, 가치로 가득차 있다. 내러티브는 해답을 제공하지 못하여도 흥미로운 질문들을 제시한다(Amsterdam & Bruner, 2000, p. 115).

더욱이 그들은 내러티브가 일반적인 인간의 삶에 있어 본질적인
부분이라고 주장한다.

> 인류가 이야기 없이 살아간다는 것은 가능하지 않은 것처럼
> 보인다. 어떻게 이야기하고 이해하는지 아는 것은 인간의 생존
> 도구 중 한 부분일지 모른다. …… 스토리텔링은 무엇인가 비
> 밀스럽게 가치를 추구하거나 가치를 지향하는 것같이 보인다.
> (사람들의) 이야기들은 편안함을 주고, 격려하고, 통찰력을 제공
> 한다. 이야기들은 미리 경고하고, 배반하고, 폭로하고, 합리화
> 시키고, 확신시킨다(Amsterdam & Bruner, 2000, p. 114).

이 논의들은 늘어나고 있는 다양한 분야의 연구자들이 연구와 실
행에서 내러티브가 중요하다고 인식하기 시작했다는 점을 대변한다.
이는 과학적(전통적인 경험주의적) 방법과 도구 자체들이 점점 인간
중심의 이슈들을 취급하는 데 충분하지 않다는 인식으로부터 기인
한다.

🖎 요약

철학적 관점에서 볼 때, 사회과학 및 교육 연구는 연구와 그 방법
론에 있어서 과학적 관점을 고수하는 모더니즘의 영향을 가장 많이
받았다. 그러나 최근에는 관점들의 복잡성과 다양성 그리고 인간중
심성의 이슈를 설명할 수 있는 더욱 총체적인 접근의 필요성에 대한

인식이 늘어났다. 다양한 학문 분야(교육, 법, 심리학, 의학 등)에서 연구자들은 이러한 이슈들을 보다 적절히 다루기 위한 대안적인 방법으로서 내러티브 연구를 제안하고 있다. 이 접근은 본질적으로 포스트모더니즘의 철학에 더 근접해 있다. 연구자들은 이런 논의를 다루는 데 내러티브 탐구가 보다 효과적인 주요 특징임을 강조했다. 그러나 그들 중 어느 누구도 모든 연구 분야를 망라하는 연구방법으로서 내러티브 연구를 어떻게 효과적으로 활용하는지 포괄적으로 기술한 적이 없다. 이어지는 장들에서는 이 과제를 실현하고자 노력하였다.

4장

내러티브 탐구 이야기의 예

 내러티브 탐구 이야기 소개

앞의 세 장에서 우리는 내러티브의 기원과 이론적 토대를 설명했고 어떻게, 그리고 왜 그것이 연구방법으로서 중요하다고 생각하는지에 대해 살펴보았다. 이 장에서는 내러티브에서 이용되어 온 실제적인 연구나 가르침의 이야기들을 소개하겠다. 이 이야기들은 주로 법률교육, 의학교육, 신경학, 성인교육, 초등교육, 신학, 사회사 그리고 고등교육과 같은 다양한 현장에서 내러티브의 용례를 보여 주고 있다. 이야기들은 사례 연구의 형식으로 제시된다. 우리는 먼저 내러티브가 사용되어 온 분야와 내용을 대략적으로 살펴본 후 개개인의 이야기들의 예를 살펴본다. 우리는 우선 우리 프로그램의 일부로 법학부(이야기 1) 교수 사례 연구를 시작한다. 이 경우 프로그램 참여자들은 내러티브를 그들의 전문적 행위를 성찰하는 수단으로 사용하거나, 프로그램의 평가 형태로 활용하였다.

이야기 2에서는 내러티브 연구방법이 유사한 의학교육 프로그램들을 개선시키려는 목표하에서 원거리 의학교육의 파일럿 프로그램을 연구하는 데 이용되었다.

이야기 3은 성인교육 분야에서 내러티브에 중점을 둔 많은 논문을 지도해 온 동료에 대한 우리의 최근 인터뷰를 기초로 한 것이다.

이야기 4는 자신의 연구에서 광범위하게 내러티브를 사용한 신학과 조교수의 성찰에 관한 것이다.

이야기 5는 Oliver Sacks의 신경학상의 실천에 관한 이야기들의 출판물을 기초로 한 것이며 의학 행위에서 내러티브의 중요성을 강조한다.

이야기 6은 소수집단 아동교육에서 사회적 정의의 논의들을 다룬다. 이 이야기에서 내러티브는 중요한 사회적 정의의 문제를 강조하고 이 문제들의 해결책들을 제공하기 위해 사용되었다.

이야기 7에서 내러티브는 영국의 사회적 역사의 한 시대를 생생하게 묘사하기 위해 사용되었다.

이야기 8에서는 지적장애의 정신의학에 대한 국제적 프로그램의 발달을 묘사한다. 이것은 진행 중인 프로젝트를 작성하는 시점이므로, 프로그램 개발자들의 이야기들은 프로그램의 개발과정에 포함된 문제들에 대해 곰곰이 생각하게 한다.

이야기 9는 고등교육의 질적 발전 영역에 있어서 체코 학술자의 몇 가지 경험에 관한 것이다.

이야기 발췌문들은 필연적으로 간결하나 적어도 각 접근의 맛보기를 제공할 만큼 충분한 세부 묘사가 포함되어 있다. 독자는 사람들이 내러티브를 활용하는 다양한 방법을 어렴풋이 이해하고자 하는 단순한 목표를 가지고 이 이야기들을 접근해야 한다.

이야기 1: 합법적 교육에서의 내러티브 연구

연구 분야

법학교육

출처

'Reflective stories of course participants in a graduate certificate course in law teaching in 2003' (2003); 'Stories of professional practice' (2005).

이야기의 배경

Webster와 Mertova('Reflective stories of course participants in a graduate certificate course in law teaching in 2003', 2003)는 법학과 교수진(Faculty of Law) 내 예비교사 전문개발 프로그램에서 내러티브 연구방법을 사용한다. 그 프로그램은 법과 법에 관련된 학문 분야의 제3차 교육자들을 대상으로 특별히 제작된 유연한 학습 소프트웨어를 사용하여, 대체로 온라인 원격학습 방법으로 실행된다. 내러티브 접근법은 프로그램 안에서 참여자들에게 그들의 현재 교수 행위들과 이 프로그램과 병행된 교수와 학습 문제들을 고찰할 것을 요구한다. 또한 내러티브 연구방법은 모든 프로그램의 평가 형태로 사용되는데, 프로그램 참여자들과 이 프로그램을 제작하고 가르치는 교육 개발자들 모두 질적 향상을 조력하기 위한 프로그램 고찰 방법으로서의 경험 이야기를 묘사하도록 요청된다.

우리는 평가의 한 형태로서 성찰적인 이야기들이 프로그램의 총체적인 평가를 제공한다는 견해를 가진다. 이야기들은 예를 들어 프로그램 참여자들의 만족감 단계를 표시하는 (높은 긍정에서 높은 부정으로 나열하는) 조합된 선다형 문제들을 포함한 조사를 통하여 더 좋은 변화나 개선을 필요로 하는 비판적인 요소들을 확인함으로써 프로그램 개발자들을 조력할 수 있다.

다음의 예들은 법 교사(프로그램 참여자)와 교육 개발자(프로그램을 가르치고 개발하는 자)가 프로그램에 대하여 성찰한 내러티브이다. 그들은 그들이 중요하다고 인식하는 프로그램의 양상들을 강조한다.

이야기

■ 법 교사

개인적 관점에서 볼 때, 자아성찰은 주로 평소에 나의 교수 능력에 대하여 내가 가지고 있는 모든 것을 의심해 보는 반성을 의미한다. 나는 나의 가르침이 정말로 향상되었는지 질문해 본다. 나는 학습을 촉진시키기 위해 충분히 가르치고 있는가, 아니면 난 지루하고 따분한 교사인가? 이 반성 행위의 배후에는 이런 생각이 있고 이런 것들에 대한 고민의 과정을 통해 내가 더 유능한 교사가 되길 희망한다.

우리가 살펴보았던 분류법들은 교수와 학습에 대해 갖고 있는 이상을 유용한 방식으로 상기시켜 준다. 나는 이러한 이상들을 안다고 흔히 자부하지만, 만약 압박을 받는다면 내가 예를 들어서 Bloom의 분류법(taxonomy)에 대한 모든 고려사항을 표현할 수 있을지 의심스럽다. 그래서 이러한 몇 가지 이론적인 체크리스트의 고찰은 내가 무엇을 왜 그리고 어떻게 할지(또는 하지 않을지)에 대해 곰곰이 생각하도록 도와주었다. 물론 그 과정이 나에게 도와준 한 가지는 교수와 학습 진행 대안방법을 위해 몇몇의 아이디어를 제안하게 해 준 것이다.

학습 성과에 대한 주제의 초점은 학생들이 단순히 나의 교수 경험에 대해 초점을 맞춰야 한다기보다는 그들이 이 과정에서 무엇을 배워야 하는지에 대해 실제로 생각하게 만들었다. 법대가 일반적으로 학생들이 무엇을 배우기를 원하는지에 대해 상당히 비판적으로 생각하도록 했고, 법대를 졸업한 후 학생들이 겪게 될 인생 경험에 대한 나의 견해와 일치할지 생각하도록 하였다.

이 두 가지 기대치 사이에 근본적인 갈등이 존재하지만, 나는 이 갈등들이 가까운 미래에 해결될 거라는 생각에는 회의적이다. 아마도 이 주제에 있어서 더 강조될 요소가 있어야 한다고 생각한다. 평가 작업들도 같은 방식으로 생각된다. 나는 시험이 효과적인 평가의 형태라고 믿지 않으나 여전히 시험은 호주의 법학 대학 문화에 뿌리내리고 있다.

이 수업의 몇 가지 내용에 대한 나의 성찰로부터 옮겨서, 이제 나는 이 주제 안에서 나의 전반적인 학습 경험을 고려하길 원한다. 첫째, 나는 주제에 내재된 융통성이 보너스였다고 생각한다. 집중과정으로서 이 과목을 가르쳤기 때문에 그렇지 않았을 때보다 내 시간표에 맞추기 더 쉬웠다. 수업은 적절한 시간에 이루어졌고 우리의 목적에 부합하는 적당한 길이인 듯했다. 다시 말해서, 나는 우리가 제공된 그 시간 동안 각 과제에 대해서 필요한 모두를 전달할 수 있었다고 생각한다.

나는 학술 도구로서 기술에 대한 우리의 의견과 주제의 온라인 형태에 관한 나의 고찰들을 취합하길 원한다. 나는 기술이 과거에 진행되어 왔던 방식들을 자동적으로 개선하거나 다르게 보며 기술을 홍보하는 과대선전에 매우 조심하는 사람이라는 것을 인정한다. 다시 말해서, 기술은 교육에 도움이 되어야 하지, 그 반대가 될 수 없다.

■ 교육 개발자

이제 내가 교직을 떠난 지 2년이 지났다. 내가 떠맡아 온 일들을 되돌아보면 나는 다른 직원과 함께 다른 대학에서 다른 위치로 일을 하는 동안 주요한 영향력이 있는 인물 중 한 명이 되었다.

우리가 함께 작업했던 복잡한 작업에서 대표할 만한 특징을 하나 꼽으라면 그것은 변화의 간단성과 변화에 대한 저항이었다. 개발자로서 우리는 달랐고 법에 관해 잘 모르는 것이 많았지만, 오히려 학문 전통, 즉 일반적으로 학문이라고 간주되는 것이 학문 분야 요소보다 우리 작업에 더 거센 저항이 될 줄 미처 알지 못하였다. 나는 교직원 시절 다양한 경험과 현재 변화를 주도하는 일에서의 고찰을 통해 이 사실에 주목한다. 교육 개발의 일은 '강단 위의 현인(sage on the stage)'으로서 소극적인 내용 전달을 통하여 '교수' 행동을 담당해 온 전통적인 교직자들에게는 극도로 불편한 일이다. 융통성이 있는 온라인을 비롯한 대안 교수와 학습의 방법들은 종종 수동적인 내용 중심의 한 시간 분량의 수업 개발과 교수보다 더 많은 시간이 걸린다. 전통적인 교직자의 눈에서 그들의 우선순위는 연구와 자신의 이름과 명성이 높아지는 다른 개인적인 활동에 있고, 강의는 교직원으로 돈을 벌기 위하여 해야만 하는 두 번째 우선순위인 것처럼 되었다.

나는 법대 전임교수의 '삶'은 파트타임 강사가 되는 것과 다르다고 생각한다. 여러 가지 점에서 나는 그 당시에 카멜레온 같은 삶을 살았다. 내가 소속한 교직원들도 내가 무슨 일을 하는지에 대해 확실하지 않았다. 그들은 나의 교수 임무를 어느 정도 이해할 수 있었고, 내가 항상 그들에게 기술적인 것들을 가지고 시도하고 돕는다는 것을 알았다. 그러나 그들은 대부분 이 학문 분야 교수와 학습 훈련의 본질에 관한 진정한 이해는 하지 않았다. 그들은 또한 얼굴을 보고 마주하는 '면대면(face-to-face)'식 수업 발표 방식을 교수방법으로서 적용하는 내용 위주의 학문 분야 전문가였다. 물론 그들이 맡았던 학급이 초 · 중등교육이었다는 것을 감안했을 때 이 사실은 완벽히 이해될 만하다.

위에서 내가 말해 온 것에 연관해 볼 때, 나는 결코 법대 교수라는 것에 대해 불편하게 느끼지 않았다. 주요 전략으로서 나는 수년에 걸쳐 신참자의 역할을 기꺼이 수행하도록 배웠으며, 수업 내용에도 이를 똑같이 적용하려고 했다. 나는 또한 '학생'으로서의 역할을 수행하였는데, 그리하여 그들이 전달하고 개발하려 할 때, 나는 그들에게 그들이 내가 무엇을 어떻게 배울 것이라 생각하는지를 (학생으로서) 묻기도 했다.

그렇다. 자신의 학생들에 대한 이해를 전혀 하고 있지 않은 사람들도 있지만 이는 아주 드물다. 그리고 어떤 사람들은 우리를 상위의 일반 사무직원으로서 생각했던 때도 있었지만 이는 더욱 드물었다.

만약 내가 마지막 견해를 추가한다면, 대체로 법률가들은 교육자들보다 함께 일하기가 더 쉬웠을 것이라는 것이다. 그들은 내가 교육자이기 때문에 모든 교육 분야에서 전문가라는 그런 선입견을 가지고 있지 않았다. 그들은 기꺼이 공유하고 배우려 했다. …… 그리고 대체로 나를 '가르치는' 것을 즐겼다고 생각한다.

이야기 2: 의학교육에서의 내러티브 연구

연구 분야

의학교육

출처

Naidu & Cunnigton (2004).

이야기의 배경

약학, 치과, 건강의학 대학에서 일하고 있는 Naidu와 Cunnigton은 교수와 학습의 기술적 향상으로 교수와 학생의 경험을 탐구하기 위한 연구 프로젝트로 내러티브 연구를 사용하였다. 그들의 목적은 "현존하는 표면상의 자료를 넘어서서, 정보 및 의사소통 기술이 교수와 학습 보고서의 교류 본질에 어떠한 영향을 주고 있는지 면밀히 조사하는 것이다"(p. 141). 그들은 특히 밝혀지지 않은 이야기들과 학자들의 성찰에 관심이 있다.

그들은 '교수와 학습에 어떻게 접근을 해야 하는가, 교수와 학습에 대하여 교사의 생각은 어떻게 변하는가, 학습에 대한 학생들의 배움은 어떻게 변하고 있는가, 그리고 학생 지원은 ICT(정보와 의사소통 기술)의 사용과 함께 어떻게 변하고 있는가?'와 같은 문제들에 대한 통찰을 탐구한다(p. 141). Naidu와 Cunnigton은 전문적인 실행에 대한 고찰 안에서 내러티브의 중요성과 그로 인해 그것이 어떻게 개선되는지 강조한다. 그들은 내러티브 연구에서 도출한 정보와 자료가 '다른 맥락에서 쉽게 일반화될 수 없다'는 인식을 표명한다. 게다가 그들은 시간이 경과함에 따라 그들이 '의미 있는 일반화를 만들고 결론을 도출하는 데 필요한 양의 정보와 자료'로 하나의 갤러리(즉, 학자의 경험 이야기에 대한 하나의 데이터베이스)를 만들 것이라 기대하는 것에 주목한다. 우리는 이 갤러리가 많은 선구자적인 노력의 경험뿐만이 아니라 이 분야에서 진행된 매우 혁신적인 작업으로 이루어진 풍부한 자원의 경험 기반이 될 것이라고 기대한다 (pp. 153-154).

다음은 약학, 치과, 건강의학 대학의 혁신적인 교수 프로젝트에 있어서 ICT를 사용한 교수자의 고찰에 대한 예이다. 이 강사는 이 프로젝트가 의학교육에 가져다줄 중대한 면들과 왜 그러한 혁신적인 접근법이 절대로 필요한지를 강조한다.

이야기

■ 의학 강사

새로운 접근법은 ① 사실적 지식에 대한 의존을 감소시킨다. ② 학생들의 자기주도학습과 의사소통 기술을 향상시킨다. ③ 기초과학과 임상과학의 융합을 장려한다. ④ 공동체와 관련된 이슈와 소그룹 학습을 소개한다. ⑤ 교육과정의 철학에 걸맞은 평가로 변화시키는 것을 소개한다. 이 접근은 이 프로젝트가 다루고자 하는 형성적 평가 전략의 필요성을 강조한다(p. 147).

나는 단순 암기식의 학습을 권하기를 원치 않았다. 오히려 지식의 사용과 적용, 데이터와 임상 연구의 해석, 의사결정의 전략들 그리고 과학적 기초 구조와 근원적인 병리생리학적 과정에 대한 보다 깊은 이해를 권하였다. …… 이러한 중요한 이슈들은 교과서나 강의에서 다루지 않는다. 이러한 원리들에 대한 깊은 이해는 멀티미디어의 사용 없이는 불가능했을 것이다(p. 147).

우리는 혁신적인 교육과정 설계와 전달을 위한 방법들이 소개되는 것을 원한다. 우리는 우리 학생들에게 새로운 정보를 학습하고 조사하기 위한 동기를 부여할 새로운 방법을 사용하는 것이 필요하다(p. 151).

나는 선생님들이 학생들에게 밥을 떠먹여 주듯이 정보를 제공하는 것에서 벗어나야 한다고 생각한다. 당신은 그들에게 정보를 일일이 공급해 줄 수 없다. 그 대신에 우리는 자기주도학습을 격려하고 이것을 할 수 있도록 학생들을 돕는 것이 필요하다. 우리는 단순 암기식 학습에서 벗어나야 한다.

　　교수와 학습에 대한 새로운 접근법 안에서 학생들은 생각하도록 도전받는다. 그리고 우리는 그들이 계속적인 도전을 통해 정보를 연결할 수 있고, 유효한 증거를 찾고, 의사결정을 하고, 문제를 해결하는 과정에서 정보를 사용하는 능력들을 키워 줄 수 있도록 계속 그들을 도전시켜야 한다(p. 152).

　　의학에서 불확실한 상황들을 다루는 경우가 많이 있다. 우리는 학생들에게 불확실한 상황을 다룰 수 있는 능력을 길러 주기 위한 전략들을 준비시킬 필요가 있다(p. 150).

 ## 이야기 3: 교육학 연구방법론으로서의 내러티브

연구 분야

성인교육

출처

'Reflection on narrative by Dr Sue McNamara' (2005).

이야기의 배경

이 사례는 교육 분야에서 내러티브를 논문에 사용하는 많은 경우를 지도한 동료와 함께 실행한 인터뷰의 편집된 발췌 부분으로 이루어져 있다. 그녀는 복잡하고 인간과 문화 중심성의 논제들을 다루기 위하여 유능한 전체론적 연구 도구로서 내러티브를 인식한다. 그녀는 내러티브 연구방법이 대부분의 경험적인 방법들보다 더 '정직'하고 실제에 더 가깝다고 본다.

이야기

■ 교육에서의 조교수

아마도 내가 함께 일해 온 모든 사람은 내러티브를 같은 방식으로 기술하지 않았을 것이다. 연구를 해 온 대부분의 사람은 질적 연구를 시작하는 자들이고 이야기나 내러티브의 개념에 대해 들어 보지 못한 사람들일 것이다. 나와 함께 일해 온 대부분의 연구자는 심지어 '내러티브'라는 단어보다 아마도 좀 더 일반적인 연구 용어를 사용했을 것이다. 그들의 대부분은 사례 연구, 실행 연구, 자문화기술지 혹은 질적 연구의 주제에 대한 다른 변형들에 대하여 논의해 왔다. 그리고 그들은 전공을 정하자마자 내러티브를 쉽게 사용해 왔기 때문에 내러티브라는 개념은 그 자체로서 방법론보다는 좀 더 기계적인 기록 수단으로 간주되어 왔다.

내러티브의 개념은 기술적인 개념으로부터 발생하고, 하나 또는 그 이상의 요소들로 집약되는 과학적인 접근보다는 훨씬 더 전체론적이다. 내러티브의 개념은 여러분이 연구에서 발견하는 무수히 혼란스러운 요소들을 함께 모이게 하는 절정이고 둘 중의 하나에 좀더 강조점을 두지 않는다.

내러티브는 현실에 보다 더 가깝다. 그것은 문화를 담는다. ……나는 그것이 다른 많은 방법보다 풍부하다고 생각한다. 아마도 그것을 확실히 수행하기 위해서는 양적 연구를 수행하는 것보다 훨씬 더 많은 훈련이 필요하지만 더 솔직하다. 그리고 내러티브 연구방법은 단순한 고찰과정이 아닌 영감을 찾는 고찰과정이다. 나에게 내러티브 연구는 종종 회고적이다.

하나의 프로젝트는 뉴질랜드에 있는 자연요법 대학의 발전 이야기이다. 그 연구를 책임지고 있는 여성분은 개인 여행을 하던 중이었고 때때로 20년 이상 축적한 모든 영향과 요인을 그녀의 내러티브에 모아 놓고 있었던 중이었다. 그녀의 연구의 실제적인 초점은 원거리 교육과정 학생들을 계속 그 과정에 유지시키도록 돕는 것이다. 그녀가 결국 한 것은 그 분야의 전문적인 조직의 모든 발전을 둘러보던 것이었다. 그리고 그녀가 연구 도구로서 그것을 사용하면 할수록 그녀가 주목하고 있는 것의 복잡성을 더욱더 나타내게 되었다.

지금 막 마친 또 하나의 프로젝트는 문화적 경계를 넘나드는 학생들, 즉 동양 문화 전통을 가진 학생들이 글로벌한 세계에서 사용할 언어를 학습하는 것에 관한 것이었다.

우리가 지금 완전 초기 단계에 있는 또 다른 프로젝트는 교사의 경험 이야기이다. 우리가 하고자 하는 것은 그들의 이야기가 기술에 기반을 둔 환경에서 우리에게 전문적인 개발을 설계하고, 발전시키고, 시행하는 어떠한 지침을 줄 수 있는가에 관한 것이다. 그리고 만약 다른 사람들이 그들의 경험 이야기를 통해 배울 수 있고, 우리가 멀티미디어 수단으로 그것을 나타낼 수 있고, 그것이 우리에게 교사와 학습자를 살펴봄에 있어 정말로 필요한 지침을 제공해 줄 수 있는지 보기를 원한다. 우리는 그들에게 다른 마음가짐을 제공하는 것이 필요하고 변화된 마음가짐은 문화를 변화시키려고 노력하는 것과 같다.

 ## 이야기 4: 다른 문화적 배경에서의 내러티브

연구 분야

신학

출처

'Reflection on narrative by Dr. Les Henson' (2006)

이야기의 배경

다음은 해외에서, 즉 호주인인 그가 가지고 있는 문화와 매우 다른 문화적 배경에서 오랜 세월을 보낸 선교사의 사례이다. 그는 연구방법으로서 내러티브 연구방법을 사용하여 신학 분야에서 석사를 취득한 후 계속해서 박사 공부를 해 오고 있다. 다음은 그의 연구에서 내러티브를 사용하게 된 동기가 무엇인지에 대한 그의 이야기를 요약한다.

이야기

■ 내러티브 연구와 함께한 나의 여행

내러티브 연구와 함께한 나의 여정은 인도네시아의 서부 파푸아, 남부 저지대(lowland)의 모미나 사람들과 내가 장기간 함께한 결과로 시작되었다. 나는 간(間) 문화 선교사로서 1978년부터 1995년까지 모미나 부족에서 생활하며 일했다. 이와 같은 상황에서 나는 내러티브의 힘과 비밀 그리고 매력을 마주하게 되었고, 결국에는 연구방법론으로서 내러티브를 사용하게 되었다. 모미나의 문화, 세계관 그리고 전통적 종교를 연구하면서, 나는 서서히 그들 세계의 인식론적인 토대가 내러티브적 경향을 띠고 있다는 것을 알아채기 시작했다. 추상적인 형태의 진술 안에서 기초적인 진실과 의미를 전달하는 많은 서양인과는 달리, 그들은 이야기와 의식의 내러티브 형식 안에서 사회를 구축하는 근본적인 진실과 기초적인 의미들을 전달하였다.

나의 석사과정의 일부분으로 모미나 영(spirit) 우주론을 연구하면서, 삶, 죽음, 공동체, 조화 그리고 호혜적 관계와 같은 깊은 수준의 세계관 주제의 상관성과 응집력에 매혹되었다. 이러한 세계관 주제들과 그들이 수반하는 표면상 수준의 주제는 마치 나폴리 아이스크림의 다양한 맛과 같이 문화적 하부조직 그리고 그들 세계관의 마음속 깊은 곳으로 흘러간다. 그러나 그것들은 특히 모미나 신화, 민간설화, 신 그리고 제식을 올리는 축제들에서 명료하게 드러났다.

내가 관심을 둔 모미나 세계관 핵심 주제의 표면적 수준 주제들을 확립한 후, 나는 삶의 주제들이 성서적·신학적·맥락적으로 적합한 방식으로 발전될 수 있도록 문화적 배경과 성서적 맥락 모두를 융합하기 위한 방법을 발전시키기 위한 연구를 계속해 왔다. 그러는 사이에 나는 모미나 사회의 구술 성향과 내러티브 성향을 고려했을 때, 신학을 연구하기 위해 내러티브 접근법을 사용하는 것이 필요하다고 깨달았다.

몇 년 후, 멜라네시아에서 다양한 배경의 신학 모델에 연구 초점을 둔 나의 박사과정을 마무리하는 동안, 나는 나의 연구의 핵심 방법론인 내러티브 사례 연구를 사용했다. 세 개의 주요 장에서 모미나를 돕고 그들 중심에 있는 맥락적인 신학의 발전과정을 기술한 나의 여행을 성찰한 개인적인 내러티브를 전개하였다. 이 장들의 목적은 두 개로 나뉜다. 첫째, 그것은 맥락적인 신학의 발전과정에 있어서 나의 이론적 결론을 검증하는 데 맥락적인 신학 발전의 구체적인 사례를 제공해 주기 위한 것이다. 둘째, 내러티브 사례 연구에 대한 성찰에서, 멜라네시아 배경에서 맥락적인 신학에 대한 수행 평가 기준과 방법론적 원칙들에 관한 결론들을 도출하기 위한 것이다.

사례 연구는 모미나 사람들의 신학의 발전에 사용된 방법론과 접근법을 기술하고 고찰한다. 그것은 모미나 사람들과 함께한 나의 상호작용과 모미나 교회의 성장 맥락에 그 발전과정을 두었다. 결론적으로, 이 장들은 이론의 골격에 살을 붙이고 임무에 관한 고찰의 통합적 과정을 권장하도록 '정보를 알리고 영향을 끼치려 하는 나의 개인적 순례'의 임무과정을 사용하였다. 그 결과로 내러티브 안으로의 나의 여행은 모미나 사람들 및 새롭게 발견된 신앙을 이해하는 그들의 여정에 내가 깊이 연루되어 있음을 상당히 많이 보여 주고 있다.

나의 연구에서 사용해 오고 있는 내러티브에 관한 두 가지 방법은 다른 정도의 복잡성을 지니고 있다. 신화와 민화의 사용은 신화 그리고 세계관 분석방법론들과 신학적 성찰 모두를 요구하는 반면, 개인적인 내러티브 사례 연구의 사용은 내가 깊이 그리고 개인적으로 연루된 성찰적 스토리텔링 경험에 가깝다. 그것은 나의 주제의 다른 부분에서 발전된 이론들을 확인하고 검증하는 구체적인 수단을 제공했다. 나는 내가 작업하는 학문 분야와 과제의 배경적 적합성 때문에 그러한 접근법을 사용했다. 신화와 민화는 모미나 만담가들의 녹화 기록에 의해 편집됐고, 나의 개인적인 내러티브 사례 연구는 내가 18년 이상 써 오던 서류들, 개인 편지, 여행, 기록들부터 발전되었다. 나를 돕고 나에게 영향을 주었던 저자들은 많았으나, 나는 Geertz의 심층기술(thick description)의 사용과 Goldberg의 신학 접근법과 내러티브에서 많은 영향을 받았다. 내러티브 방법이 쉽게 생기가 없이 쇠퇴하는 이론과 때로는 지루한 연구들이 활기를 띠게 하기 때문에, 나는 내러티브 방법의 사용을 옹호한다. 추상적인 이론은 이야기와 의식의 구체적인 형식으로 구현될 때 최선이라는 사실을 나는 모미나로부터 배우게 되었다.

이야기 5: 임상 실습에서의 내러티브

연구 분야

의학 – 신경학

출처

Sacks (1998).

이야기의 배경

이 이야기는 Oliver Sacks가 쓴 『아내를 모자로 착각한 남자 그리고 다른 임상 사례들(The Man who Mistook his Wife for a Hat and Other Clinical Tales)』이라는 책에서 발췌한 것이다. 서문에서 Sacks는 의학 실습을 위한 임상 이야기들의 가치를 강조한다. 그는 19세기에 '풍부한 인간 임상 사례'가 최고점에 도달한 뒤 '비인간적 신경과학(impersonal neurological science)'이 출현함으로써 그것에 관한 관심은 점차 기울어졌다고 지적한다.

Sacks는 현대에도 내러티브가 의학에서 중요한 역할을 가지고 있고 의학에서 순수한 과학적 접근은 무엇인가 부족하다고 믿는다. Sacks의 책은 많은 이야기가 포함되어 그의 신경학적 사례들에 대한 풍부한 그림을 제공하고 있다. 그 책은 전문적 실천의 이야기들이 이 동일 분야와 다른 분야의 모든 실습생에게 중요한 교육적인 수단이라는 사실을 강조한다. 다음은 Sacks가 그의 사례들 중 하나를 기술한 이야기의 예이다. 첫째, Sacks는 자신의 신경학적 사례 배경을 전해 주는 환자들의 첫 방문 중 그의 환자들의 신경학적 질병에 대한 그의 즉각적인 반응을 보여 준다. 그다음, 약간의 시간이 흐른 뒤에 그는 그의 환자들의 질병에 대해서 더 깊이 고찰하고 어떻게 그 사례가 발전되어 왔는가를 간단히 진술한다. 마지막으로 발췌한 것에서는 Sacks가 신경학에서 인간적인 요소(판단과 감정)의 참작 중요성을 강조하고 있다. 즉, 종종 행하여지듯이, 개인적인 신경학적 사례들의 과학적인 측면만을 고려하는 것은 충분하지 않다.

이야기

P 박사는 여러 해 동안 가수로, 그 후에는 음대 선생님으로 잘 알려진 탁월한 음악가였다. 다음의 이상한 문제들은 그의 학생들과의 관계에서 처음 관찰되었다. 때때로 한 학생이 자기 자신을 소개했을 때, P 박사는 그 학생을 알아보지 못하거나 더 정확히 그의 얼굴을 알아보지 못하곤 했다. 학생이 말하는 순간, 그는 학생의 목소리로 누군지 알아차리곤 했다. 이러한 사건들이 이어지면서 난처함, 당혹함, 두려움 그리고 때때로 희극적 상황을 야기했다. 왜냐하면 P 박사가 얼굴을 알아보는 데 점점 더 실패할 뿐만 아니라, 그는 바라볼 얼굴이 없을 때도 얼굴을 보았기 때문이다.

처음에 P 박사는 뜻밖의 실수들에 대해 스스로 농담하여 웃어 넘겼다.

'어떠한 문제'가 존재한다는 생각은 당뇨병이 발병한 지 3년이 지날 때까지 떠오르지 않았다. 당뇨병이 그의 눈에 악영향을 끼칠 수 있다는 것을 깨닫고 P 박사는 병력을 가지고 그의 눈을 자세히 검사했던 안과 의사에게 진찰을 받았다. "당신의 눈은 아무 문제가 없어요."라고 의사는 결론을 내렸다. "그러나 당신의 뇌의 시각 부분에 문제가 있습니다. 당신은 나의 도움이 필요 없으니, 반드시 신경과 전문의에게 진찰을 받으세요." 이 권고로 인해 P 박사는 나에게 왔다.

그와 만나는 몇 초 안에 일상적 의미에서 치매의 흔적이 없다는 것이 명백해졌다. 그는 상상력과 유머를 가지고 유창하게 말하는 사람으로 아주 세련되고 매력적인 남자였다. 나는 왜 그가 우리 병원으로 의뢰되었는지 생각할 수 없었다.

그런데도 아직 약간의 뜻밖의 이상한 문제가 있었다. 그는 말할 때 나를 직시하였고 나를 향하고 있었다. 그런데도 명확하게 말하기 어려운 어떤 문제가 있었다. 그는 청각에 의존해서만 나를 대면했다(pp. 8-9).

예를 들어서, 장갑을 장갑으로 표현하거나 판단하지 못하는 P 박사의 기묘한 무능력을 어떻게 해석할 수 있을까? (Sacks 박사가 장갑을 환자에게 주었을 때 그는 그것이 무엇인지 몰랐다.) 그는 비록 인지적 가설을 많이 만들어 내는데도 불구하고 명백하게 인지적 판단을 내릴 수 없었다. 판단은 직관적·개인적·포괄적 그리고 구체적이다. 우리는 자신과 다른 것 사이의 관계 속에서 사물의 형태를 볼 수 있다. P 박사는 틀림없이 이런 설정과 이런 관계성이 결핍되었다. (그의 판단은 모든 다른 영역 안에서는 신속하고 정상적이었다.) 이것이 시각적인 정보의 결핍 때문이겠는가, 아니면 시각적인 정보의 불완전한 과정 때문이겠는가? (이것은 고전적·도식적인 신경학에 의해 주어진 설명이 되곤 한다.) 혹은 그 P 박사의 태도 안에서 부적당한 것이 있어서 자신이 본 것을 자신과 연관시킬 수 없었기 때문인가?(p. 19)

물론, 뇌는 기계나 컴퓨터이다. 고전적인 신경학에서 말하는 모든 것은 정확하다. 그러나 우리의 존재와 삶의 구성 요소가 되는 정신적 처리과정(mental processes)은 단지 추상적이며 기계적이지 않고 개인적이다. 그리고 그렇기 때문에 단지 분류와 범주를 나누는 것이 아니라 계속적인 판단과 감정을 포함한다. 만약 이것을 잃어버리고 있다면, 우리는 P 박사처럼 컴퓨터와 같이 된다(p. 20).

 ## 이야기 6: 소수민족 교육에서의 사회적 정당성

연구 분야

초등교육

출처

Shield 외 (2005).

이야기의 배경

이 이야기는 2005년도에 출판된 Shield 등의 책에서 발췌한 것이다. 이 책은 미국, 뉴질랜드, 이스라엘에서 소수민족 아동 교육을 조사하는 연구 프로젝트를 기술하고 있다. [미국에서 연구된 소수민족 집단으로는 나바호족(Navajo, 북아메리카 인디언), 뉴질랜드에서는 마오리족(Maori), 이스라엘에서는 베두인족(Bedouin)이 있다.] 저자들은 특정한 이야기에 중점을 두고, 각 나라의 소수민족 아동 교육에서 사회적 정당성 논제들을 조사하기 위하여 내러티브 연구방법론을 사용한다.

저자들 자신의 말 그대로, 그들의 책은 "학교 교육이 특정 아이들은 성공적이고 자신감 있으며 집중할 수 있도록 영향을 미치는 반면, 왜 다른 아이들은 낮은 성과에 만족하고 소심하며 공격적이고 산만하게 되는 유해한 방식으로 아이들의 자아상을 만들고 영속시키는가에 대해 탐구한다"(p. xxiii).

Shields 등에 의하면 학생, 교사, 행정가 그리고 부모의 이야기들은 학생, 교사 그리고 다른 사람들이 소수민족 아동 교육을 위하여 매우 중요하다고 여기는 그 문제들을 파헤치는 데 아주 강력한 수단이다.

게다가 그들은 경험의 이야기들이 또한 변화를 가져오는 중요한 가능성을 가지고 있다고 주장한다.

새로운 자리매김은 교사들이 다른 개념, 은유, 이미지 그리고 언어들을 이용할 수 있도록 만든다. 교사들은 그들의 경험에 대해 다시 이야기한 후 그들만의 세상으로 다르게 보는 방법들

을 취한다. 뜻깊은 변화는 전략 그리고/혹은 상호작용 양식의
단순한 기술적인 변화보다 더 큰 변화가 수반될 것이다. 또한
새로운 자리매김이 우리가 누구인지에 대한 우리의 인식에 영
향을 주게 될 것이므로 감정적이고 개념적인 측면에서의 변화
가 있을 것이다(p. 148).

다음은 Shields 등이 그들의 연구에서 수집해 온 내러티브 안에서
토론된 문제점 부류의 몇 가지 이야기들에 관한 것이다.

이야기

■ 미국의 행정가

2개 국어를 병행하는(bilingual) 모든 프로그램은 모든 학생에게
안전하다고 느껴지지 않는다. 수많은 이중언어 프로그램은 법정 소
송으로 인해 교육과정 위원회에 의해 결정 및 실행되는 것이다. 그
것은 진정한 이중언어 교육을 제공하고자 하는 의미에서 진행되
는 이중언어 프로그램이 아니다. 우리의 프로그램은 복원적인 모델
(restorative model)이다. 학생들에게 나바호 언어를 복원하는 것이
다. 많은 경우에 부모들은 교사나 교육에 신경 쓰지 않기 때문에 아
이들을 학교에서 빼내 오거나 또는 기숙학교에서의 불행한 경험을
떠올리며 그들의 자녀들이 나바호어로 말하는 것을 원치 않는다. 나
자신은 이중언어 교육을 지지한다. 우리의 교육 형태는 학생들의 문
해력을 발전시킬 수 있는 언어교육의 기반을 형성하지 못하고 있다
(p. 43).

■ 뉴질랜드의 교사

학교 밖에서 우리의 아이들(마오리 학생들)의 행동은 원주민과 흡사하다. …… 마치 늑대 무리와 같은. …… 몇몇은 정말로 거친 작은 사나이이다. 그들은 나를 포함하여 어른들을 괴롭힌다. 일단 내가 학교를 벗어나면, 이 마을의 다른 사람들처럼 만만한 대상이 된다. 학교로 되돌아왔을 때, 그들은 꽤 자주 그들의 행동을 조절하는 데 힘들어한다. 이것은 학습 지장의 큰 요인이다(p. 75).

■ 이스라엘의 교사

나는 낮에 교실에 들어올 때마다 실망한다. 그리고 나는 내 앞에 앉아 있는 학생들이 에너지 없이, 동기 없이 학교에 왔다는 것 그리고 그들이 정말 인간답지 못한 상태로 사는 것을 안다(p. ix).

■ 뉴질랜드의 교사

그들은 자신의 가족들에게 무슨 일이 벌어졌는지에 따라 왔다 갔다 한다. 친척들과 살다가 다시 집으로 돌아간다. 그들이 왔다 갔다 하는 이상, 그들은 단기 체류자이다. 나는 이곳의 어린 마오리 학생들은 다른 문화권 집단보다 더 단기 체류를 한다고 생각한다(p. 75).

■ 뉴질랜드의 마오리 학생

나는 우리에 대해 교사 세계가 가지고 있는 어려움의 일부는 우리가 공통의 가치를 갖고 있지 않음에 있다고 생각한다(p. 77).

■ 이스라엘의 배두인 교사

다른 어떤 사람들은 우리가 가르쳐야 하는 것을 결정한다. 그것은 정책적으로 해야만 하는 것이다. 예를 들어, 나는 우리 민족들의 역사를 학교에서 가르칠 수 없다. 교육부에서는 나를 위하여 이것을 결정한다. 우리의 열망은 아라비아어로 된 우리만의 교육과정, 종교, 역사를 직접 만들도록 하는 것이다. 현재의 교육과정은 형편없다. 만약 우리가 이웃 나라를 여행한다면, 우리가 어떤 아라비아어도 모른다는 것을 보게 될 것이다. 역사에 관해서도, 나는 이 세계의 모든 소수민족이 자신의 교육과정을 직접 만든다는 사실을 알고 있다. 우리는 하지도 않고 또 할 수도 없다(p. 100).

■ 이스라엘에서 배두인이 아닌 교사

그 아이는 안정된 상태가 아니다. 다음과 같이 비교해 보자. 안정된 아이는 당신과 유창하게 말하곤 한다. 안정되지 않은 아이 혹은 당신을 두려워하는 아이는 그나마 가능한 가장 짧은 답을 준다. 그리고 8세 또는 10세의 이 아이들은 이미 자존감에 대한 약간의 교육을 받았든지 그가 당신과 함께 서서 이야기를 하든 안 하든 당신은 그것을 이미 알 수 있다(p. 103).

■ 이스라엘의 배두인 교사

어떤 아이들은 의사가 되길 원했고, 어떤 아이들은 나와 같은 선생님이 되길 원했다. …… 이것은 정말 훌륭한 부분이다. 어떤 아이들은 공학자가 되길 원했고, 어떤 소녀들은 법조인이 되길 원했다. 이 모든 종류는 매우 다양하다. 또 어떤 이는 별에 관한 과학자가 되

길 원했다. …… 어떤 이는 말한다. 나는 조종사가 되길 원한다. 나는
유대인이 아닌 사람은 조종사가 될 수 없음을 알고 있다. 그러나 나
는 그 아이가 이러한 환상을 가지고 살도록 한다. 그가 어른이 되었
을 때 그러한 사실에 직면할 것이다. 그러한 사실은 나를 좌절시킨
다. 그러나 나는…… 나의 의견을 표현할 수 없다. 그가 이룰 수 없는
어떤 것에 대해 꿈을 꾸고 있을 때, 나는 이제 막 그들의 길을 걷기
시작한 아동들에게 그것을 말해 줄 수 없다. 아마도 그가 고등학교
를 졸업할 때 이와 같은 것은 변하게 될 것이다(p. 115).

 이야기 7: 1950년대와 1960년대 영국의 사회 변화

연구 분야

사회 역사/문화 연구

출처

Akhtar & Humphries (2001).

이야기의 배경

이 이야기는 1950년대와 1960년대의 생활양식에서 변화를 경험
한 영국인들의 경험에 관한 Akhtar와 Humphries의 책에서 가져온

것이다. 이 책은 각 장에서 연대기적 순서에 따라 당시에 일어난 사회·문화적 경향들을 다루고 있다. 각 장은 특정한 사회·문화적 경향들과 그것이 영국에서 1950년대와 1960년대를 경험한 개개인의 삶 속에 어떻게 녹아 들어가 있는지를 보여 준다. 저자는 이야기의 형식으로 각 장을 풀어 갔으며 개인들의 독특한 이야기들을 직관적으로 잘 섞어서 각 부분을 구성하였다. 우리는 내러티브 형식이 그들의 목적에 가장 부합하고 개인의 이야기는 내러티브를 통해 보다 선명하게 드러날 수 있었다고 생각한다.

이야기

■ 꿈의 집

1951년 여름, 수백만 명의 사람이 영국 정부의 후원하에 개최된 런던의 템즈 남부지구에서 개최된 화려한 한 축제를 찾았다. 영국 최고의 건축가들이 27에이커에 달하는 폭격의 상처로 버려진 땅 위에, 전쟁의 상흔을 딛고 이루어질 영국의 새로운 비전을 보여 주는 축소판 환상의 세계를 구현해 놓았다.

전쟁 이전에도 쓸 만한 집들은 부족하였으나, 전쟁의 피해와 더불어 수많은 퇴역 군인과 베이비붐 세대에게 주택의 부족이 초래되었고 이는 정부가 가장 우선적으로 해결해야 할 문제가 되었다. 대부분의 공식적인 평가에 따르면 주택 400만 호가 부족하며 25만의 가족이 인간 거주 환경으로는 부적합한 곳에서 살고 있었다. 새롭게 결혼한 많은 신혼부부는 친척들과 함께 살거나 비좁은 방에서 생활하고 있다. Gina Spreckely는 전쟁이 끝나고 몇 년 후 런던 북부에서 남편과 어린 자녀들과 함께 살고 있었다. "우리는 친척 집의 방에 세들어 살았어요. 아무것도 없기에 그럴 수밖에 없었죠. 집은 모두 부서져 버렸고 문을 닫을 때마다 천장은 조금씩 무너져 내리고 있어요. 아침 식사용 접시만한 버섯이 벽에 피어나지만 잘라도 며칠 후면 또다시 자라 있곤 하지요. 욕실 바닥에는 쥐들이 구멍 낸 큰 구멍이 있어요. 우리 딸은 이러한 환경 때문에 천식에 걸렸어요. 여기서는 사생활도 없고 우리는 우리의 욕실조차 가지지 못하고 있지요."

■ 모든 최신 설비

전기의 공급은 획기적인 사건으로 취급되었고 사람들은 드러나 있는 자신들의 전구를 그대로 자랑스럽게 보여 줄 정도로 흥분했다. Jo Jones는 그녀의 마을에 전기가 들어왔을 때 플린트셔에서 살고 있던 10대였다. "우리는 이것이 12개월 안에 들어온다는 이야기를 들어서 집 전체를 방을 기어 다니는 것 같은 두꺼운 회색 케이블로 연결했고 전기가 들어오는 날에 대한 엄청난 기대 속에서 생활했어요. 제 친구의 집은 우리 집에 전기가 들어오기 몇 달 전에 설치가 끝났어요. 전기가 들어오자 환상적이었죠. 어디든 원하는 곳에 전등을 켤 수가 있었어요. 우리는 더 이상 서로 비좁게 붙어 있을 필요가 없었기에 정말 효과가 있었어요." 사람들은 더 이상 전기와 난방을 한 방에 한정하지 않아도 되었고 모든 집은 그들에게 열린 공간이 되었다.

영국에서 가정환경 기술을 일반인들이 누릴 수 있었던 첫 세대는 보다 확장된 중등교육의 혜택을 입는 첫 세대이기도 하였다. 많은 여성은 그들의 좋은 머리를 썩히고 있었으며, 가정에 가지게 된 새로운 기술들이 자신들을 속박에서 벗어나게 해 주었고, 자신의 날 개를 조금 펼 수 있도록 해 주었다고 느꼈다. 자동화된 가전제품들 은 그들의 시간과 노력을 줄여 주었으며 여성들이 집안일에서 벗어 나 다른 것들―교육, 직업, 또는 간단히 집안일 외의 생활―을 할 수 있도록 해 주었다. Christine Fagg의 사례를 보면, 최신 설비들이 그녀의 삶에 주된 변화를 가져왔다는 것을 알 수 있다. "저의 문제는 제가 집안일 외의 일을 하길 정말 원했고, 제 자신이 보다 공부하기 위해 싸우고 있었다는 것이었어요. 저는 언제나 집안일을 어떻게 짧 은 시간에 하고 밖에 나가 제 관심사를 채울 수 있을까 생각했는데 세탁기와 전기청소기가 그 일을 도와줬죠. 시간이 흐르고 아이들이 성장했을 때 저는 경력도 없고 어떠한 자격도 갖추지 못했고, 그래 서 저는 무엇인가를 준비해야 한다는 것을 알았지요. 그때 성인들을 위해 대학에서 교육 프로그램을 운영하기 시작했어요."

■ 자가용은 스타

"그것은 마치 왕관의 보석과도 같이 대접받았죠. 차는 일요일에, 일주일에 한 번 밖으로 나왔어요." Dorothy Robson은 1950년대 오스월트위슬에서 보낸 자신의 어린 시절을 회상하였다. "아빠는 우 리 모두를 데리고 한 번 드라이브를 하고서는 세차하고 차를 차고에 다시 넣곤 했죠." 1950년대 영국에서는 자동차 마니아들이 생기기 시작하였다. 자가용을 가진다는 것은 자부심의 발로였고 사회계층적 상징이며 이 번영의 시대를 보여 주는 상징이었다. 한때 최상류층 만 가질 수 있었던 자동차는 생산 라인을 통해 차량이 대량 생산됨에 따라 평균적인 가정에서 소유할 수 있는 것이 되었다. 자가용의 소유는 자유로 향한 여권을 가진 것과도 같았다. 일요일의 드라이브, 주말 여행, 휴가, 도심 외곽에 있는 집, 사무실로부터의 탈출, 통근 등 모든 것은 자동차로 인해 가능해졌다. 1950년대의 초부터 1960년대 말까지 도로 위 자동차의 수는 10배나 늘었다.

 ## 이야기 8: 지적장애의 정신의학에서의 내러티브 탐구

연구 분야

정신의학 교육

출처

'Stories of educational developers in psychiatry' (2006)

이야기의 배경

국제협력 프로젝트에 있어서 호주와 영국의 고등교육 연구소들은 지적장애 정신의학에 대한 국제 온라인 프로그램을 개발해 왔다. 이 프로그램은 영국과 호주의 교육 개발자들 중에서 교육 전문가와 지적/학습장애 정신의학 분야에서 유럽과 중동, 남동 아시아 지역의 전문가들과 연결되어 있는 전 세계 전문가들을 연합시키고자 하였다. 이 프로그램은 흩어져 있는 국제 정신의학 전문가들과 선임 정신건강 임상의학자들을 대상으로 하는 것이다. 이 프로젝트는 특히 Interlearn이라 불리는 온라인 수업과 학습용 소프트웨어를 사용하였는데, 이는 프로그램을 만들고 개발하는 도구로 사용되었으며 향후 프로그램을 실행하는 도구로서 사용되게 될 것이다.

비록 현재 프로그램이 완전히 개발된 상태는 아니지만 내러티브 접근은 최소한 세 가지 점에서 유용한 방법이 될 것이다. 먼저, 프로그램 개발자들이 개발 수행과정에서 접하게 되는 주요 문제들을 포함하는 전문적 경험의 이야기들을 수집할 수 있게 해 준다. 이것은 향후 새로운 국제 온라인 원격 교육 프로그램을 개발·수행하게 될 때 개발자들이 비슷하게 경험할 수 있는 문제들을 다루는 데 도움이 될 것이다.

두 번째로, 프로그램에 등록된 사람들은 프로그램의 일부로서의 학습 활동에 대한 그들의 전문적 실습 경험에 대한 이야기를 작성하게 될 것이다. 이것은 향후 학생들의 실천을 향상시키는 데 도움이 될 그들의 현재 전문적 실천에 대한 성찰의 형태가 될 것이다.

세 번째로, 프로그램의 참여자들에게 프로그램에 대한 피드백을 줄 수 있는 짧은 성찰적 이야기들을 쓰도록 요청할 것이다. 이것은 프로그램의 이후 제공에 있어서 프로그램 개발자들이 다루어야 할 주제들에 대해 정리할 수 있도록 도와줄 것이다.

다음의 프로젝트 지도자와 교육 개발자, 프로그램 매니저들의 이야기들은 프로젝트 초기 단계와 연관되어 있는 것으로 각각 중요하게 인식되는 주요 문제들을 나타낸다.

이야기

■ 프로젝트 리더(정신의학자)

이 프로젝트의 목적은 지적장애로 고통받고 있는 전 세계 사람들을 위해 세계화되었으며, 다국적이고 학교 캠퍼스 외에서 유동적으로 진행되는 지적장애 정신의학 프로그램을 통해 정신건강관리를 향상시키는 것이다. 호주와 전 세계적으로 지적장애 정신의학 분야의 훈련 기회와 전문가 서비스가 없는 상황에서 나는 정신의학 훈련생, 정신의학자, 기타 의학 분야 종사자 그리고 선임 정신건강 임상의들을 위해 학문적인 프로그램을 개발하는 것은 이러한 상황을 개선하는 중요한 과정이라 생각하였다. 나는 이러한 과정에 대한 높은 요청을 예상하지 않았다. 나는 호주에 그리고 국제적으로 관심이 소규모로 흩어져 있을 것이라 기대하였다. 원격 교육이 소규모로 흩어져 있는 학생들 그룹에게는 적절한 교육수행 방식이 될 것이라는 것이 나의 견해였다.

나는 이 프로그램이 그것의 수행, 평가 그리고 다른 과정과의 연관, 그리고 학위 수여 형태에 있어서 유연할 것이라 생각했다. 교육의 제작은 국제화된 교육과정과 졸업을 위한 특정 기술과 특성을 개발하는 데 있어서 교사-학생, 학생-학생, 학생-공동체 서비스의 상호작용에 초점을 둔 구성주의적 접근으로 이루어졌다. 학습 활동은 학생들이 평가와 운영의 근본적인 원칙들을 그들의 문화와 교육 서비스 환경 속에 수용하고 분석하도록 설계될 것이다. 학생들은 그들의 관점과 경험을 상호 교환할 수 있게 될 것이다. 나는 다양한 학습 활동을 통해 학생들이 그들의 지역사회에, 그리고 다른 전문가들 그

리고 서비스 제공자들과 함께 참여하게 될 것이라 기대하였다. 나는
이 프로그램이 향후 협력을 위한 기회, 지속적인 교육 그리고 동료
들의 지원을 위한 국제적으로 네트워크화된 공동체의 개발을 촉진
시켜 줄 것이라 희망하였다. 평생을 독립적으로 살아가고 자기주도
적이고 성찰적인 학습을 지원하는 것과 더불어, 지적장애로 인한 사
람들의 정신의학적 장애의 관리와 평가에 대한 근본적 이해를 육성
하는 것 이외에, 이 프로젝트는 지적장애를 경험하는 사람들을 치료
하는 데 영향을 주는 사회적 · 문화적 그리고 역사적 요소들에 대한
이해를 향상시키는 지지와 위임의 감정적인 특징을 개발하는 것을
목표로 한다.

　　Interlearn에 대한 나의 경험은 제시된 교육 프로그램을 어떻게
국제화시킬 것인가에 대한 나의 견해에 영향을 주었다. 기본적인 정
보는 학생들에게 제공될 것이고 읽기는 전 세계 자료들에서 제공될
것이다. 학생들은 그것을 번역하거나 문화적 배경, 건강 서비스에 대
한 인식, 치료에 대한 유용성과 다른 자원들을 포함해 그들 자신의
특화된 환경에 적용하게 될 것이다. 고등교육에서의 졸업 자격을 위
한 연구를 하는 동안, 나는 Interlearn을 통해 융통성 있는 온라인
학습을 경험하였다. 나는 Interlearn의 '지속적인 흐름'에 깊은 인상
을 받았다. Interlearn는 각 단위별 모듈에 대한 개요를 제공해 준다.
각 모듈은 주제에 대한 소개를 제공하고 이것은 읽기 자료와 주제와
관련한 인터넷 사이트로 그리고 학습 활동으로 연결된다. 전통적인
면대면 학습 환경에서 학생들은 자신들의 동료들과 대화하는 기회를
가지게 되고, 이를 통해 주제에 대한 그들의 이해를 확인하고 명확하
게 발달시키게 된다. 학생들이 다른 학생들과 분리되어 고립된 환경

에서 공부를 하게 될 때, 나는 다른 학생들의 의견들을 볼 수 있는 능력이 굉장히 귀중하다는 것을 발견하였다. 이 특정 수업의 학생들은 수학에서 간호학에 이르는 다양한 학문 분야의 대학생들이었다. 이 학습 활동에서 부정행위는 할 수 없게 만들어졌다. 우리는 항상 특정한 개념이 어떻게 우리의 실천에 적용되었고 어떻게 새로운 학습을 적용하고 어떻게 우리의 실천에 반영되었는지 질문을 받아 왔다.

나는 런던에서 학습장애 정신의학계에 일하면서 처음 영국의 동료들을 만났다. 우리는 나중에 이 프로젝트에 관해서 함께 일하자는 것에 동의했다. 이것은 내가 일하는 대학이 영국의 파트너들과 관계를 구체화하는 시점에서 이루어졌다. 영국에 머물면서 두 대학 간의 협력의 기회를 탐색하고 발전시키도록 우리 대학에서 협력 인원을 지원하기로 했다. 나의 제안은 성공적이었고 나는 지적장애 정신의학에 대한 공동의 국제화된 프로그램을 만드는 것에 대한 생각을 발전시키고 그 관계를 확립하기 위해 영국에서 5주를 보냈다. 그러나 협력 관계의 공인된 목표가 있음에도 불구하고 공동 학위 수여의 인가를 위한 길은 없었다. 프로젝트 협력자들의 지원과 도움으로 나의 모교에서 제공되는 전략적 혁신 기금(Strategic Innovation Fund)을 위한 제안서는 만들어졌고 이것은 성공적이었다. 이 프로젝트 팀에는 정신의학자, 심리학자, 정신의학 간호사 그리고 교육 개발자들이 포함되었다. 이 팀은 다양한 연령대(지적장애를 겪고 있는 아동에서 성인에 이르는 사람들), 특정 장애(지속적 발달장애, 치매), 서비스 제공 모델, 교육 개발에서 사람들과 일하고 있는 다양한 전문가를 포함하고 있다. 이 팀은 또한 유럽, 중동, 동남아시아 그리고 남아프리카와의 연계를 가지고 있다. 그 결과로 사회학자인 프로젝트 매니저가 프로젝트에 참여하고 있었다.

프로그램의 초기 단계에서 대학은 Interlearn에서 소유하고 있는 학습관리 시스템으로 옮겨 가려고 했다. 이 시스템은 아직 Interlearn이 구현하지 못하는 몇몇 기능—그래픽 기능, 비디오 퀴즈 등—을 제공하였다. 그러나 이것은 끊이지 않는 학습 환경 또는 몰입감을 제공해 주지 못한다. 기능 버튼으로 브라우저 앞뒤로 이동하기보다 이 학습관리 시스템은 '빵 부스러기(breadcrumbs)'를 탐색 도구로 요청한다. 교육 자료들은 한 공간에 배치되거나 학습 활동과 같은 공간에 놓이지 않는다. 개발자로서 나는 서로 단절되어 있고 비직관적 방식으로 각 단위들을 구성하도록 강요받는 것 같았다. 이것은 교육적으로도 적당하지 않았으며 학생들을 학습의 과정으로 적절하게 인도하지도 못했다. 다행히도 우리는 이 프로젝트를 위해서 Interlearn을 사용할 수 있게 되었다. Interlearn은 원래 그래픽이나 비디오 자료들을 사용하지 못했지만, 이런 문제들은 이제 해결됐고 우리가 찾고 있는 온라인 학습 환경을 제공한다.

Interlearn의 기능은 온라인상의 협력적 교육 환경을 제공한다는 것이 명확해졌다. 각 단위가 개발됨에 따라 협력 파트너들은 학습 활동 의견달기 박스를 이용해 학습 목표, 각 단위 내용 그리고 학습 활동 등에 의견을 달아 봄으로써 '학생'으로서 학습 환경에 대해 시험해 볼 수 있었다. 이것은 협력자들에게 자신들의 생각을 다른 사람들과 나눌 수 있도록 해 주었으며 교육 환경에 친숙해지도록 하였고 학생으로서 학습 환경을 경험하도록 하였다.

그러나 이러한 잠재력은 프로젝트 과정에서 온전히 실현되지 못했다. 거기에는 많은 이유가 있었다. 시간은 핵심적인 요소였다. 이 프로젝트의 모든 참여자들은 이미 분주한 전문인으로서의 삶 속에서 시간을 따로 내어야 했다. 그런데 이러한 시간들을 서로 맞추기 어려웠고 사람들은 프로젝트 내에서 개별적으로 분리된 느낌을 가지게 되었다. 나는 협력 개발의 도구로서 Interlearn은 모든 사람이 같은 시간의 틀 속에서 프로젝트에 관한 일을 할 때 효과적으로 사용될 것이라 생각한다. 온라인 환경에서의 사용상의 불편함이 또 다른 요소이지만 추가적인 교육과 사용에 익숙해짐으로써 극복될 문제이다.

나는 프로젝트가 진행되는 동안 공동 학위 수여 작업의 문제들에 대해 수없이 살펴보았다. 이 문제는 정말 복잡한 문제였기에 프로젝트 초기 단계에서 쉽게 제외되었다. 미래를 위해 우리가 공동으로 진행하고 학위를 받는 수업을 개발할 수 있을 것이라는 희망으로, 우리는 마침내 하나의 주제를 개발하는 것을 결정하였다. 그 과목에 대한 인가를 얻는 데 많은 시간을 보내야 했다. 이 교육 단위는 의료 실천가와 상임 정신건강 임상의를 대상으로 하였기에 여러 학문 분야에 걸친 이 수업은 어느 학과를 본부로 볼 수 있나 하는 소속 문제를 일으킬 수 있다. 이 수업은 대학원 정신의학 프로그램 내에 있었고 정신건강 치유를 제공하고 있는 의료 실천가에게만 열려 있었다.

불행하게도 계획에도 없는 지연은 향후 진행 중인 프로젝트를 관리하기에 연구비가 충분하지 못하다는 것을 의미했다. 프로젝트 관리의 의무는 프로젝트 지도자에게 옮겨 갔다. 현재 이 교육 단위의 골격과 학습 목표들은 잘 개발되었고 몇몇 모듈의 개발이 완료되었지만 몇몇 모듈의 경우 상당한 교육 내용 개발을 필요로 한다. 사실 지적장애 정신의학을 하나의 교육 단위로 다듬는 것은 큰 도전이었다. 이 프로그램을 개발도상국과 선진국에 적용해야 하는 점에서 교육과정의 국제화는 또 다른 큰 도전이다. 이러한 어려움에도 불구하고 이 교육 단위의 개발은 계속되고 있다.

수업의 공동 개발, 진행 그리고 학위 수여 문제는 개발 파트너들이 상당한 시간과 자원을 투입함으로써 재고됐다. 이렇게 제안된 수업은 보다 광범위한 정신건강 전문가 단체를 대상으로 한다. 그리하여 다시 조직 차원의 장벽과 마주치게 되었고 전체 수업과정의 개발은 현재 중단된 상태이다.

■ 교육 개발자

이러한 종류의 다른 프로젝트와 달리, 이 프로젝트 초기 단계에서부터 교육 개발자의 역할은 실질적으로 포함되어 있었다. 사실 나는 프로젝트 진행을 위한 Strategic Innovation Fund 연구비를 지원한 팀에 속해 있었다. 이러한 지원금의 일부는 대학의 국제 파트너들과 함께 프로젝트와 연대를 개발하도록 제공되었고, 우리의 프로젝트는 바로 그것을 목표로 했다.

비록 개발 팀이 다양한 교육 경험과 학문적 계파들로부터 모였지만, 우리는 함께 일하는 것을 잘해 나갔고 우리가 국제적이고 비교문화적인 대상을 위해 혁신적이고 중요한 교육 프로그램을 개발하여 제공한다고 느꼈다. 특히 지적장애와 관련된 분야의 사회학자, 정신의학자, 심리학자 그리고 다른 학문적 분야에서 자원들이 투입되었다. 핵심적인 개발 팀은 개발된 프로그램을 온라인에서 수행하도록 하는 대학의 교육제작 전문가들과 함께 일하였다. 이 팀은 함께 일을 잘했으나, 돌아보면 각 담당자들로부터 자료들을 얻는 것에 따른 어려움 때문에 제약받고 있었다. 그러나 호주와 영국에서 가르칠 교육 단위의 개발이라는 목표를 달성하는 데 가장 중요한 장애는 조직적 차원에서 경험하게 되었다.

이 어려움은 대학으로부터 교육에 대한 승인을 받는 프로젝트 초기 단계에서부터 경험하게 되었다. 승인의 과정은 학교 사무실에 양도되었다. 우리는 도움을 주는 직원들을 만나기도 했지만 이와 함께 간단한 과정에서의 과도한 관료주의의 도전과 마주치기도 했다. 우리는 마침내 승인이 이루어졌을 때 안도할 수 있었고 영국의 파트너들로부터도 동일한 인정을 받기 위한 것도 대체로 곧 이루어질 과정이 될 것이라 믿었다.

우리는 좋은 관계와 지원을 영국 교육기관의 학자들로부터 받고 있었으며 그들과 동등하게 일하였다. 그러나 협회는 공동 교육과정을 승인하는 것에 대해 동의하는 것 같아 보이지 않았고 승인을 위한 어떠한 공식적인 구조를 찾는 데에도 어려움을 겪었다. 여기에서 우리는 조직 간의 경쟁의식과 고등교육에서의 세계화를 위해 무엇을 해야 하는가에 대한 진정한 오해를 경험하였다. 이러한 장애 요소들은 시간을 허비하게 했고 이를 극복하는 노력이 필요했으나 이를 위한 길은 대부분의 학자에게 명확하지 않았다. 결과적으로 우리는 멈출 수밖에 없었다.

이러한 경험으로부터 우리가 얻은 교훈은 세계 최고의 의지와 관계성, 좋은 아이디어와 국가 간의 협력에 대한 비전을 가진 학자들조차도 조직의 구조, 조직의 이해관계 그리고 영역 등이 고려될 때 미숙한 초보 실천가가 될 수 있다는 것이다. 심화되는 경쟁적인 환경이 대학이라는 곳의 현 모습이라면 여러 학문 분야를 거쳐 건설적이고 협동적으로 일할 수 있는 학자들의 능력은 바람직하다. 그러나 이러한 협력으로부터 성공적인 결과를 방해하는 경쟁과 조직 간의 장벽은 실망스럽다. 이것이야말로 이 프로젝트를 결과적으로 실패하게 만든 장애물이다. 그것이 다시 살아나게 하기 위해서는 상위 수준에서 이러한 장벽을 세우고 학자들의 협력을 실패하게 하는 구조와 실천에 대해 보다 주의를 기울여야 한다.

■ 프로젝트 관리자(사회학자)

이 교육 프로그램의 개발에 내가 참여하면서 특별히 긍정적으로 기억하고 있는 것이 두 가지가 있다. Interlearn에서 제공하는 온라인 학습 환경이 교육적 기법과 일치한다는 사실과 이러한 환경의 미숙한 사용자로서의 개발 팀이 단지 그것을 수행하는 것이 아니라 협동적으로 그 교육 자료를 만들어 나가는 가능성(불행히도 실현되지 않았지만)을 인정한다는 것이었다. Interlearn의 환경은 제3의 공간이었으며 개발자들이 협의하며 앞으로 나아가게 하는 삼각검증의 공간이 되었다.

교육적 방법에 대한 결정은 지적장애 정신의학 분야에서의 지식 상황과 그에 적용될 국제화라는 경향에 의해 이루어졌다. 학생들에게 유용하게 하기 위해서 학습은 정치, 사회, 문화에 매몰되어 있어야 한다. 새로 나타나는 지식은 학생들의 상황적 특수성에서부터 생산된다는 사실을 암시한다. 교육학적 구조는 세 가지에 기초를 두고 있다. 지적장애 정신의학의 현재 공인된 지식, 학생들이 처한 사회, 문화, 정치와 정책, 서비스 제공 맥락, 그리고 앞의 두 가지의 상호작용에서 생산되고 있는 새로운 지식이다.

개별 지도 맥락을 조성하는 Interlearn의 환경은 현재의 지식을 전달하고 그 맥락에 기반을 둔 새로운 지식을 촉진하고 학생과 학생, 학생과 교사의 상호작용과 반성을 위한 기능을 통해 목표를 성취하도록 적절한 환경을 제공한다.

개발자들이 가졌던 하나의 통찰은 교육 단위의 개발 중 공헌자들과 조력자들이 학생으로서 만들어 냄으로써 Interlearn을 사용하여 교육 내용을 개발하고 다듬어 가는 과정에 있는 잠재력을 보는 것이다. 사실 이것은 비효율적인 것으로 판명되었다. 비록 개발자들이 개인적 또는 집단 환경을 활용하면서 교육 내용을 개발하는 데 그 가능성을 인정했지만, 실제 공헌자들과 조언자들이 쉽게 접속할 수 있었음에도 그들을 프로그램의 개발에 참여시키는 데 어려움이 있었다.

여기서 우리가 배운 교훈이라면 설명이라는 것만으로는 충분하지 않고 Interlearn의 가능성은 오직 직접 체험 시연을 통해서만 이해된다는 것이다. 이 사실은 영국 팀의 참가자들이 면대면으로 Interlearn을 배웠을 때 그것의 기능을 쉽게 이해했다는 것으로 증명되었다.

특별한 목적을 위한 특정 온라인 학습 환경의 가능성에 대한 정당한 평가의 결과는 그들의 기대가 한계를 직면하고 그들의 활성화된 상상력이 펼쳐 내는 모든 가능성을 수행할 수 없다는 것에 있다. 이들 한계는 부분적으로 그 프로그램 자체에 있는 것이다. 예를 들어, 우리는 텍스트에 다양한 형태의 도형 등을 삽입할 수 없다. 이러한 문제를 해결할 여러 가능성을 추구하다가, 우리 팀은 학교 소유의 학습관리 시스템의 사용 요구에 대한 승인, 대학과 학과의 웹사이트 운영에 대한 정책 등의 복잡한 상황을 마주하게 된다. 그러나 대학의 혹독한 비판이 전부는 아니다. 대학 도서관이 용이하게 읽기 자료에 접근하게 해 주고, Interlearn 내에서 그 링크를 사용할 수 있도록 개발 팀에게 제공해 준 편의는 조직적 협력의 가능성에 대한 큰 기대를 가지게 하였다.

 ## 이야기 9: 고등교육의 질에 대한 내러티브 탐구

연구 분야

고등교육

출처

'Stories of academics in higher education quality' (2006).

이야기의 배경

이 이야기는 체코의 한 대학에서 국제학 담당 부서 책임자의 고등교육에서의 질적 개발에 관한 경험에 대한 것이다. 여기서 인용된 이야기는 연구방법으로서 내러티브 탐구를 이용하여 연구 프로젝트에 관한 인터뷰에서 가지고 온 것이고 각기 다른 교육에 대한 문제와 현안들에 대한 직접적 통찰을 드러내 주는 이야기들의 본질적 모습을 입증시켜 준다. 이 이야기는 어떤 특정 사건에 대해 단순히 기록한 것이 아니라 이야기 속의 맥락에 제시된 몇몇 이유를 제공하는 데 참여하는 점에서 이전 이야기들의 구조와는 다르다.

이야기의 주제, 고등교육에서의 질적 개발은 전 세계 고등교육 기관들이 관심을 가지는 주제이다. 이러한 경향에 대해 직접적인 질적 평가를 위한 측정 수행에서부터 자기감사에 이르기까지의 다양한 대답이 있어 왔다. 흥미롭게도 질적 개발은 모금 구조, 승인 테스트, 국제적 실천에 대한 지속적 진행, 국가 차원의 감사 그리고 다른 일반적인 경향들, 예를 들어 고등교육에서의 대중적인 급성장과 정보통신 기술의 발전에 따른 영향 등에 대해 정당화될 수 있다.

그러나 질적 개발에 관련된 인적 요소도 조직적인 또는 정치적인 필요에 못지않게 중요하다고 주장할 수 있다. 따라서 다음 이야기의 목적은 체코의 질적 개발과정에 참여한 개인으로서의 경험을 통해 그 인적 요소를 찾는 것이다. 나아가 간단하게 문제와 다른 정치 · 문화적 상황 속에서 형성된 세계관에서 변화를 다루는 그 노력과 문제들을 강조해 보고자 한다.

이야기

■ 국제학 사무실 책임자의 이야기(체코)

2000년부터 나는 이 대학의 국제학 사무실의 책임자로 있었다. 이것은 대학의 국제 관계를 다루는 주 사무실로서 2000년대 국제 관계의 다양한 모든 일을 집중화시키기 위한 시도로서 만들어졌다. 우리는 국제적 연대와 연구 같은 것은 포함하고 있지 않지만 다른 측면들, 즉 교사와 학생의 유동성, 영어 프로그램, 박사과정 프로그

램, 국제 학생들을 위한 기타 국내 프로그램 그리고 해외 대학의 소
개, 양자 간의 협약 등의 모든 것을 관장한다.

2003/2004년에 우리는 유럽대학연합(European University
Association: EUA)에서 진행하는 평가에 참여하게 되었는데, 이는 특
별히 질적 개발과 질적 구조 그리고 우수성에 대한 평가를 하는 것이
다. 이것은 지극히 복잡한 작업이다. 우선 내부의 자기평가 보고서가
준비되면 EUA로부터 첫 번째 방문이 있는데 그들을 위해 보다 많
은 자료를 준비해야 한다. 그리고 두 번째로 방문한 후 그들은 마지
막 보고서를 완성하게 된다. 우리는 이에 대한 전적인 책임을 지는
곳으로, 나는 이 대학의 자기평가 보고서를 쓰는 책임자이다. 따라서
나는 보다 직접적으로 평가와 품질 평가에 깊이 관여하고 있다.

EUA는 유럽 전역에 퍼져 있는 표준의 흥미로운 예라고 할 수 있
다. 그들은 당신에게 자기평가서를 준비하는 데 있어서 따라야 하는
매우 분명한 기준들을 제시해 준다. 대학의 총장이 각 학과들과 연
구단체들로부터 이 보고서 작업을 진행할 팀을 선발해야 했을 때 우
리가 함께 모이게 되었는데 여기에서 두 가지 중요한 사항이 감지되
었다. 하나는 사람들은 자신들이 이것에 대해서 얘기할 수 있는 적
임자가 아니라고 생각한다고 말하는 것인데, 이는 문화적인 문제 중
의 하나이며, 모두가 자신들은 아주 작은 한 영역에 대해서 매우 전
문화되어 있다고 생각한다. 사람들은 "나는 '질'에 관해서 들어 본
적도 없으며 따라서 이것에 대해서 말할 수 없습니다."라고 말한다.
다른 하나는 그들은 '질'이 숫자로 측정될 수 있는 것이라 생각한다
는 것이다. 우리 학교 부총장 중에 한 명은 말했다. "이것은 문제가
없어요. 우리는 5년 전에 2만 명의 학생이 있었는데 지금은 3만 명의

학생이 있어요. 이는 조사에서 긍정적으로 작용할 것이고 '질'은 홀
륭하다고 나올 것이 분명합니다." 그래서 내가 "우리가 2배 많은 학
생을 가지게 된다면 결과적으로 가르치는 것의 질은 반으로 줄어들
겠죠."라고 말했는데, 그들은 이것을 이해하지 못했다. 왜냐하면 그
들은 더 많으면 더 좋은 것이라는 오랜 공산주의 제도의 사고 틀 안
에서 모든 것을 양적으로 이해하는 데 익숙해져 있기 때문이었다.

한번은 내가 "아니요, 이것이 지금 우리가 말하고 있는 것이 아닙
니다. 우리는 지금 정의하기 어려운 무엇인가를 얘기하고 있는 겁
니다."라고 말했다. 그런데 거의 모든 사람들은 다음과 같이 말했다.
"글쎄요, 우리가 우리에게 기대되는 것을 수행할 만큼 능력 있다고
생각하지 않아요." 그리고 사실 보고서를 쓰는 시점에 왔을 때 우리
는 그것을 어떤 의미에서 거의 거꾸로 해냈다. 즉, 내가 대학에 대해
하는 것과 사람들에게 그것에 대해 말한 것에 기초해서 만든 후 그
들이 보고서에 대해 의견을 첨부하거나 더 보태어서 보고서를 완성
했다.

품질 그리고 질에 대한 평가에 관한 다른 것은 이 문화에 있는 사
람들은 질적인 것에 대해서 사람들에게 말하면 공공연히 칭찬 이외
의 것을 말하는 것에 익숙해 있지 않다는 것이다. 내가 보고서를 작
성할 때 강점과 약점 등을 보았기 때문에 이 점은 흥미롭다. 그리고
이것은 실제로 평가단이 왔을 때 그들에게 긍정적인 것으로 받아들
여졌다.

이 문화의 한 성향은 깨달음을 얻고자 하는 수도승 이야기에서
잘 나타난다. 그는 한 번도 깨달음을 얻지 못했다. 그가 정육점 옆을
걸어가고 있을 때 거기에 손님이 한 명 있었는데, 그 손님이 주인에

게 "고기의 가장 좋은 부분을 사고 싶소."라고 말했다. 그때 주인은 "나의 모든 고기는 최상품입니다."라고 답했다. 이 순간 그 수도승은 깨달음을 얻었다. 그리고 내가 생각하기에 체코 대학의 문화는 이렇게 말하는 경향이 있다는 것이다. "우리가 하는 모든 것은 최고입니다." 그래서 '질적인 것'이라는 말은 어떤 의미도 가지지 못하게 된 것이다.

1989년의 변화 이후 나는 영어학과의 담당자로 뽑히게 되었다. 그 직후 나의 주된 관심은 연구의 모든 구조를 바꾸는 것이었는데 질적 향상을 위해서 교수법과 평가의 방법을 바꾸는 것이었다. 이것이 나에게 의미하는 것은 판에 박힌 학습을 줄이고 지식의 압축에 관심을 두지 않으며 이론에 대한 개방성을 의미하는 사고와 해석에 강조점을 두는 것이었다.

따라서 학과의 학과장으로서 이 단계에서 나의 주된 관심은 우리가 배출한 학생들의 질을 향상시키기 위해 가르치는 것의 질—당연히 그 대안, 수업의 다양성 그리고 수업의 평가 방식—을 발전시키는 것이다. 그리고 나는 교사 전문성의 개발, 박사 학위와 이후 학위들과 같은 다른 측면들에 대해서는 경시하였다.

1989년 이전에 우리는 매년 우선적으로 풀브라이트 장학생을 받았고 영국 문화원(British Council)으로부터 학생들을 받았는데, 이들은 분명 보다 풍요로운 학문적 풍토에서 왔다. 그러나 이것은 저녁 시간에 술집에서 나누는 잡담에서 들을 수 있는 것과 같은 그런 얘기이다. 1989년 이후 내가 영어학과의 학과장이 된 이후에 우리는 이들을 보다 더 많이 받아들였는데, 내가 교육과정을 바꾸고자 준비하고 있을 때에 나는 그들을 그 변화에 참여시키려 고려했다. 이는 아마도 내 일생에서 질에 관한 가장 급진적인 결정일 것이다. 다는 아니지만, 수많은 반대가 학과 내에 있는 체코 교사들로부터 나왔다. 그들은 "이것은 우리의 교수 프로그램입니다. 왜 우리가 외국인들까지 여기에 포함시켜야 하나요?"라고 말했다. 이에 나는 "우리는 우리가 오랫동안 고립되어 있었다는 것을 인정할 수 있어야 하네."라고 말했다. 하지만 이것은 절차를 거쳐야 했고 2년이라는 시간이 걸렸다. 나는 각자의 의견들을 들어 주고, 논의하고, 아마도 실행하도록 모두의 입장이 반영된 최종 결정에 전체가 참여했다고 느끼길 원했기 때문에 오랜 과정을 거쳤다.

논의들 속에서 우리가 이루고자 하는 변화가 엄청난 것이라는 사실이 일찍이 분명해졌다. 내가 기대했던 몇몇 변화의 모습들은 내가 사전에 예상할 수 있었던 것이었다. 그것은 캐나다와 영국에서 1960년대 내가 경험한 교육적 경험에 기반을 둔 것들이나 25~30년이 지난 것들이다.

그러나 우리 논의—우리는 어디로 가고 있는가? 어떻게 변화를 가지고 올 것인가? 우리가 무엇을 만들어 내고 있는 것인가?—의 부분으로서 처음으로 나온 이러한 비판적 노선의 형성은 확실히 내 눈에는 우리에게 필요한 변화의 모습들이다. 이것은 어설프게 어떤 것을 만드는 것이 아니고 요소 A, 요소 B를 적용하는 것도 아니다. 그것은 많은 체코의 교사가 위협이자 급진적이라고 느끼는 방식으로 프로그램 전체에 대해 재구조화하는 것이었다.

학과 교육과정 전체를 새롭게 전환시키는 이 시점에서 나는 우리가 전혀 다른 방법으로 무엇을 해야 한다는 것을 깨달았다.

우리가 현재 관여하고 있는 것의 차원에서 만약 투쟁이 이루어지고 있다고 말한다면 그것은 사실이 아닐 것이다. 왜냐하면 지금 우리는 국제화를 이루고 있기 때문이다. 국제화는 질적인 것과 관련한 다양한 측면을 포함하고 있기 때문에 나에게 있어 국제화는 질적 척도를 나타내는 것을 의미한다. 이러한 측면 중에 우리의 모호한 목표 하나는 대학에서 국제학생들을 보다 많이 모으겠다는 것이다. 그렇지만 어떻게 그들을 데려올 것인가? 체코에 와서 공부하도록 권장할 것인가? 대학의 한 부류는 슬로바키아, 러시아, 세르비아에서 쉽게 인원을 충원할 수 있다고 생각한다. 슬로바키아 사람들이 체코에 와서 공부하는 데는 아무런 문제가 없으며 다른 나라 사람들도 집중적인 단기 체코어 수업을 듣는다면 문제가 없을 것이며 우리는 이러한 방식으로 매우 훌륭한 학생을 유치할 수 있을 것이다. 반면에, 아니라고 얘기하는 다른 사람들도 있는데, 진정한 하나의 방법은 학사과정뿐만이 아니라 석사과정과 박사과정에 영어 프로그램을 만드는 것이라고 말한다. 내 생각에 당신이 영어 프로그램을 개발하고 있는 사람이라면 그 순간 당신은 국제적 경쟁 체제 안에 들어가게 되고, 프로그램의 질에 더 신경을 쓰게 될 것이므로, 그것은 질적인 문제와 연관이 있다. 만약에 당신이 최고의 학생들이 우리의 체코 학위과정에 오길 원한다고 말을 한다면 이는 체코의 학위과정이 당신들이 하고 있는 그 과정들보다 우수하다는 것을 기본적으로 의미하는 것이다. 또한 이것은 학생들이 체코에서 학위를 얻기 위해 여기 와서 배우길 원한다는 것을 의미하기 때문에 우리는 아무것도 바꿀 필요가 없다고 말하는 것과 같다. 이것은 사실일 수도 있다. 많은 국가에서 미래의 유망한 경력 등에 대해서 관심을 가진 학생들은 체코에서 공부하는 것이 더 매력적으로 보일 수 있지만, 이것은 나에게 있어서 질적인 것과 관련 있기보다 비용이 들지 않는 자기만족감과 같은 요소이다.

그것이 학교의 단독 프로그램이든 아니면 외부의 학교들과 공동으로 진행하는 것이든 간에 만약 그들은 영어와 관련된 어느 학위를 시작하게 되면, 당신은 즉각적으로 이 프로그램이 외부의 수많은 다른 프로그램들과 충분히 경쟁할 정도로 만족스러운 프로그램인가라는 질문을 하게 될 것이다. 그래서 거기에는 논의의 진행이 있지만 우리는 매우 느리게 진행해 나가고 있다.

내가 생각하기에 많은 사람이 가지고 있는 영어 학위과정 도입에 대한 거부감은 무의식적으로 우리 스스로가 충분히 자격이 있는지에 대한 의구심 같은 것이다. '우리 교사들의 영어가 충분한가?'라는 질문을 가질 것이고, 깊이 들여다보면 이는 곧 우리가 국제적으로 경쟁할 만큼 충분히 매력적인 학위과정을 제공할 능력이 있는가라는 질문이다.

나에게 있어서 영어 학위 프로그램을 준비하는 것은 질적 수준에 대한 질문과 밀접하게 연결되어 있는데 이것은 최근에서야 나에게 인식된 문제이다. 나는 '맞아, 우리는 영어 프로그램에 학생들을 유치하고 싶어.'라고 생각하나 이것은 질적인 것에 대한 의문과 연계되어 있다.

우리 교수진 중 한 명은 영어로 진행되는 두 개의 석사과정을 개설하였다. 그것들은 2년 과정이고 그 프로그램의 첫 학생들이 이제 졸업을 앞두고 있다. 이들 학생은 학교 당국과 심층적이고 민감한 토론을 벌였는데, 그들은 학교에 그들의 학위가 보다 발전할 수 있는 지점과 그들이 기대했던 것만큼 부응하지 못한 지점을 지적해 줬다. 교수진이 이 같은 아주 심각하면서도 개방적인 대화를 학생들과 해 나간 점에서 칭찬할 만하다. 학교 측에서는 "알겠습니다. 의견 감사합니다."라고 말하면 되는 것이기에 내 생각에 이것은 엄청난 대응이다. 하지만 그들은 이 문제를 진지하게 다루었고 그들이 주목하는 것은 바로 질적인 것에 관한 것이었다.

우리는 지금 우리가 운영하고 있는 여름학기에서도 같은 작업을 하고 있는데 한 학기짜리 '중부 유럽학 과목(Central European Studies Course)'은 각 지역 문제를 다루는 선택 개별과정인 영어 수업이다. 우리는 학생들에게 그들이 다루고 있는 수업 자료들, 수업 등에 관한 피드백을 요청하였다.

내 생각에는 오늘 체코라는 맥락 안에서 영어 프로그램은 질적 문제가 필수적인 곳에 프로그램의 질적 향상을 이루는 흥미로운 방식이며, 이것은 그들 영어의 질과 상관없는 것이다. 왜냐하면 그들은 이미 다른 방식의 교수법에 익숙해져 있는 사람들에게 프로그램을 제공하는 것이며 이들 학생은 다른 방식의 배움에 익숙해져 있는 이들이다.

또 하나의 질적인 것과 관련된 예는 캐나다 중부 유럽학회(Canadian Studies Association for Central Europe)의 시작과 관련되어 있는데, 이 프로그램에는 중부 유럽 전역에서 사람들이 참여하였다. 중부 유럽은 북쪽으로 폴란드, 남쪽으로는 세르비아 그리고 동쪽으로는 루마니아와 불가리아를 포함하는데, 이는 중부 유럽에 대한 상당히 광범위한 개념이다. 우리가 결정한 것 중의 하나는 우리는 학회지를 원한다는 것이었으며, 이에 우리의 첫 질문은 '어떻게 이 학회지를 만들어 낼 것인가?'였다. 시작부터 나는 바로 "우리는 매우 학구적인 학회지에 대해서 생각해야 한다."라고 말했다. 우리는 어떤 문제가 발생하게 될 것임을 알았다. 중부 유럽이었기 때문에 교수들은 그들의 연구물을 보내면 곧바로 출판되는 것에 익숙해져 있었고 그들의 학생들을 독려해 오곤 했기 때문에 그들의 연구물도 곧바로 출판되어 왔다. 우리는 시간 낭비처럼 보이고 서툴러 보이는 방법을 고안해 냈는데, 모든 제출된 연구물은 4개 국가에서 온 4명의 심사위원들이 읽도록 한 것이다. 이것은 엄청난 양의 일이며 엄청난 읽을거리로서 우리는 그에 대해 판단 내릴 수 있는 기준을 가지고 있어야 했고, 모든 평가서는 한데 모아져서 우리가 결정을 하거나 편집자가 결정을 내렸으며 이때 연구물들은 채택되거나 거부되거나 재심사되도록 결정지어졌다. 이러한 질적 부분에 대한 운영 방식은 처음부터 적용되었던 것이며, 우리는 첫 호에서부터 무슨 일이 일어나게 될 것이라는 것을 정확하게 알고 있었기 때문에 이것은 매우 흥미로웠다. 우리는 이런 연구 발표들을 다양한 사람으로부터 받았는데, 이는 주요한 사람들로부터 심한 분노와 화를 불러일으켰다. 우리는 "자, 봐라. 우리는 이렇게 객관적이다. 4명의 심사위원이 읽었고 이것은 우리 학회지에 실리기에 부적합한 것뿐이다."라고 말할 수 있었다. 이걸로 논의는 끝날 수 있었다. 처음부터 그렇게 했기 때문에 지금 질이 훌륭하다고 생각한다. 이 예는 만약 당신이 질적인 것에 대해서 심각하다면 그만큼 많은 작업과 노력을 투자해야 한다는 것을 보여 준다. '질'이라는 것은 시간이 걸리는 것이며 질을 보장한다는 것은 시간이 더 걸리는 일이다. 그러나 결과는 매우 효과적이다. 이것은 당신이 질적 관리를 추구하기 위해서 지역적 조건 때문에 당신이 이상한 것을 해야만 하는 분야의 또 하나의 예이다.

　　캐나다를 비롯한 기타 지역에 주어지는 장학금이 있을 때와 같이 우리는 이 방식을 모든 캐나다 관련 연구물들에 수행하였다. 우리는 매년 모임에서 다른 위원회를 꾸린다. 캐나다 연구와 관련한 이 체계는 우습다. 우리가 사전선발 위원회로서 신청서를 읽고 나서 그에 관한 우리의 생각을 적어서 오타와로 보내면 그들은 거기서 최종 결정을 내리게 되는데, 그 결정은 95% 우리의 결정과 일치하고 가끔 다르게 나타나곤 한다. 사실 이것은 또 다른 질적 통제를 위한 수단이다.

　　우리가 또 한 것은 아직까지 여태 아무도 안 한 것으로 결과가 나왔을 때 우리는 탈락한 사람들에게 다음에 그들이 다시 지원했을 때 주의해야 할 부분이 무엇인지 혹은 논문에서 부족한 부분은 무엇인지를 설명해 주는 것이다. 때때로 게재하기로 결정한 경우에도 조금 부족한 부분이 있지만 합격한 논문 저자들에게는 다음과 같이 말해 주었다. "축하합니다. 당신의 논문이 실리게 되었습니다. 추가로 부족한 부분은 이러한 것이 있었습니다." 우리는 이에 매우 주의를 기울였는데 그것은 노력이 필요한 것이었고 그 누구도 하지 않았다. 당신은 합격 아니면 불합격이었고, 모든 논의는 끝이었다. 우리가 이것이 필요하다고 생각했던 것은 중부 유럽에서 사람들은 이러한 기준을 이해하지 못했고 무엇이 국제적인 수준의 질적 기준인지에 대해 알지 못했기 때문이다. 일반적으로 사람들은 질적인 것에 대해서 단지 이야기하기 시작하는데, 이는 정말 처음부터 이루어지며 당신은 때때로 명백한 것에 대해서 지적해야만 한다.

　　질적 차원과 질적 유지에 있어서 하나의 문제는 사람들이 비평하는 것과 같은 기제의 구축이 요구되는데 이는 일부 체코 사람에게는 단지 관료적일 뿐이라는 것이다. 그들은 이러한 기제가 모든 지원자의 '질'을 달성하고 이러한 기준을 이루는 데 있어 긍정적인 방식으로 효과가 있다는 것을 이해하지 않는다. 그들은 이러한 것들의 중요성에 대해서 평가 절하한다.

이제야 우리는 이러한 기제들에 대해서 도입하기 시작하였다. 대학에서는 가르치는 것의 질적 차원의 평가를 내릴 수 있는 기제가 없다. 거기에는 학생들이 설문에 응답하는 유형의 기제가 있고 이는 실용적인 기능을 한다. EUA에서 온 사람들은 그것이 효과가 있는지 물었고 효과가 있었다. 마지막에 학생들이 원하면 그들은 적은 부분이지만 자신들이 들은 수업에 대한 평가를 할 수 있다.

우리는 정보 체계가 있는데 이것은 매우 영리한 방식으로 작동한다. 당신이 다음 학기에 어떤 수업을 들을지에 대한 결정을 할 때 다른 학생들이 작성한 수업 평가를 참고할 수 있는데, 이것은 당신이 스스로 들은 과목에 대해서 평가서를 작성했을 때만 가능하도록 되어 있다. 매우 간단하지만 매우 똑똑한 이러한 기제의 결과의 하나로 60%의 학생이 자신의 수업에 대해 평가를 하였다. 그리고 거기에는 총체적인 위계가 존재한다. 일반 강사는 단순히 자신들의 강의에 대한 평가만 볼 수 있고, 학과장은 자신과 다른 모든 강사의 평가를 볼 수 있다. 그리고 학장은 모든 학과 관련된 평가를 볼 수 있고, 총장은 대학 전체와 총장과 부총장의 평가를 볼 수 있다. 학과장과 학장은 정기적으로 이들 자료를 살펴보고 제안을 하거나 강사들에게 이야기할 수 있으며, 2~3학기 동안 같은 문제가 반복되고 같은 강사가 문제가 되면 강사를 교체하거나 그 강의 자체를 다른 것으로 대체하거나 강사를 그만두게도 한다. 강사가 그만두었다면 이것은 분명 그 강사의 질적인 수준이 충분하지 못했기 때문인 것이다. 이것이 우리가 도입한 하나의 기제이다. 이 외에 다른 기제들은 별로 없다.

대학에서 고용한 행정직원의 질적인 부분에 대해 평가를 내릴 수 있는 기제가 전무하다. 예를 들어, 만약 어떤 것이 국제화 전략의 한 방편으로 도입되었다 하더라도, 대학 내 모든 일은 추가된 언어 요소를 그들의 일에 적용해야 한다. 우리는 대학의 업무들에서 어느 정도 수준의 영어를 필요로 하는지 살펴보았다. 만약에 우리가 국제화된 대학이 되기 위해서 도서관 사서는 어느 정도의 영어를 해야 하며 학과 비서는 또한 어느 수준의 영어가 필요한가? 지금 이것은 모든 업무의 일부분이 되었다. 일에 대한 공고를 내면 사람들은 영어가 이미 그 수준에 있는 사람이나 일을 시작한 후 일정 기간 안에 그 수준에 도달할 수 있는 사람을 찾는다. 우리 학교는 인력개발 부서의 한 부분으로서 직원들을 위한 내부 무료 영어교실을 운영하고 있다.

그래서 우리는 올바른 방향으로 나아가고 있으며 우리는 대학 내에서 질적 부분을 보장하는 기제를 개발하는 지위를 선임직급으로서 대학명예총장의 사무실에 실제 도입하였다. 그것은 EUA의 평가의 결과로서 광범위하게 이루어지고 있다.

연구 프로그램에 대한 평가에서도 똑같은 일이 이루어진다. 정부의 개발 프로젝트라 불리는 일련의 전체 프로젝트가 있다. 이것은 우리가 작업하고 보내고 했던 것이다. 지금 그들은 매년 사람들이 특별위원회에 출석하여 보고하고 질문받을 것을 요구하는 내부적 기제를 거치는 일을 한다. 그들은 보고서와 실제 일어난 사건 사이에서 몇몇 흥미로운 문제를 찾아냈다. 그들은 이러한 방법으로 질적인 것을 향상시키기 위해 노력하고 있다. 우리는 그러한 방향으로 나아가지만 이것은 특히 이 문화 속에서 천천히 이루어지는 과정이다. 사람들은 공산정권하에 반대하였고 당신에 대해서 검사하려는 시도는 당신의 자유를 제한한다는 것에 대한 감을 가지고 있다.

　나는 이것의 흥미로운 예를 보여 줄 것이다. 우리가 영어학과에 우리의 새로운 교육과정을 도입했을 때 그것은 선택 코스의 많은 부분을 포함하고 있었는데 이때 이것은 어떻게 교수들이 성적을 주는가라는 질문을 야기했다. 불행하게도 학과 내 다른 교수들은 매우 엄격하였지만, 거의 A 학점만 주는 교수들도 있었다. 이러할 경우 무슨 일이 일어날지 뻔히 알 수 있다. 학업이 떨어지는 학생들은 이러한 교수들을 찾아다닐 것이다. 이것은 1990년대에 개선되었지만 여전히 이러한 부류의 선생은 있었고 하루는 회의에서 내가 다음과 같이 말했다. "당신들이 반드시 알아야 할 것이 우리는 이러한 모델로 이동하고 있으며 이것은 내가 설명해 온 다른 함축적 의미를 가지고 있습니다. 내가 분명하게 교실에서 5%는 상위 등급이고 16%는 두 번째 등급이 되어야 하는 것을 말하는 것은 아니지만 일반적인 성적을 매기는 방식은 있어야만 할 것인데, 여러분은 아마도 굉장히 영특한 학생부터 정말 떨어지는 학생들까지의 학생들을 만나게 될 것입니다." 그러나 거기에는 어떤 강사는 A는 주지 않고 소수에게만 B를 주고 나머지는 대부분 C와 D 학점을 주는 반면, 다른 강사는 거의 A를 주는 극단적인 경우도 있다. 이것은 학생들 전체에게 공정한 방식이 아니다. 누구는 매우 쉬운 교육을 받고 또 누구는 매우 어려운 교육을 받는다. 어려운 교육을 받은 학생은 아마도 보다 나은 교육을 받은 것일 수 있다. 어떤 학생들은 좋은 성적을 받을 것이지만 다른 학생들은 보다 낮은 성적을 받을 것인데, 그럼에도 이들은 여전히 훌륭한 학생이다. 내가 아는 학과의 어떤 원로교수는 실제 일어나서 외쳤다. "지난 40년간 내가 할 수 있는 것이 무엇인지 말해 주는 공산당이 있었다. 학문의 자유가 어디에 있는가? 나는 내가 원하는 방식으로 성적을 매길 수 있는 것이고 누구도 나에게 어떻게 내가 성적을 매겨야 하는지 말할 수는 없다."

　문제 중의 하나는 질적 통제가 일반적으로 기준들―본질적으로 무엇이 받아들여질 수 있으며 무엇이 그렇지 않은가에 대한―을 수용하는 것을 의미한다. 많은 사람, 특히 나이 든 세대는 이것을 이해하는 것이 절대적으로 불가능하다는 것을 알았다. 특히 당신이 수업의 학점에 대한 반영이 그 수업의 무게―단순히 자리에 얼마나 많은 시간을 앉아 있느냐가 아니라 얼마나 많은 읽기 자료를 읽어야 하느냐, 시험의 난이도나 다른 여타 평가의 방법들 등에 의한 것―를 반영하는 것인 유럽의 표준적인 시스템을 목표로 일을 한다면 알게 될 것이다. 당신은 일반적으로 수용할 수 있는 기준을 가져야만 할 것이며 여전히 많은 교수는 그것을 이해하지는 못할 것이다. 그들은 여전히 교수는 신이며 그들은 자신들이 원하는 것이면 무엇이든 할 수 있고, 그것이 학과든, 학교든, 무엇이든 간에 상관없다고 생각한다. 이것이 그들이 생각하는 학문의 자유이다. 나는 이러한 것과 관련한 많은 예를 얼마든지 제시할 수 있다. 질적 통제는 이 많은 이유로 인해 이 문화 속에 도입되는 것이 매우 어려운 일인 것이다.

요약

이 장에서 제시하고 있는 이야기들은 어떻게 내러티브가 여러 다양한 분야 가운데 적용되었고, 이야기들이 이용될 수 있는 다양한 방식과 목적을 보여 주는 예들이라 할 수 있다. 이야기 1, 2와 8의 내러티브는 의학/정신의학과 법학에서 혁신적인 교수방법 실천에 대한 성찰을 보여 주는 것이다. 이는 나아가 교육 참가자들의 현재 전문적 실천에 대한 반성을 위한 교수-학습의 도구를 보여 주며 교수자료와 실천의 향후 개발을 위한 평가의 방법을 제공해 준다. 이야기 3은 어떻게 그리고 왜 성인교육 분야의 연구자들은 내러티브를 연구방법으로 선택하는가에 대한 고찰이다. 이야기 4는 신학적 실천을 통한 문화적 차이의 양상을 다루는 데 있어서 내러티브 연구의 중요성을 성찰하는 것이다. 이야기 5는 신경과 실천에서의 중요한 주제들을 전달하는 방법으로서 이야기의 중요성에 대한 논쟁을 보여 준다. 이야기 6은 초등교육 현장과 관련된 이야기로서 학생들과 교사들의 이야기가 소수집단 학생들과 관련한 사회적 정의(혹은 불평등) 문제들을 강조하고 이런 문제들의 해결책을 찾도록 도와준다. 이야기 7에서는 개인적 이야기가 1950년대와 1960년대 영국의 사회 변화에 대해 보다 생생하고 사실적인 그림을 만들어 내는 데 사용된다. 그리고 이야기 9에서는 내러티브가 체코 공화국의 고등교육의 질적인 것에 대한 중요한 측면을 강조하는 데 적용되는 것을 보여 주고 있다.

다양한 분야에 있는 연구자들이나 실천가들은 그들이 고민하는 주제들의 총체적인 그림을 보여 주고, 그들을 드러내고, 나아가 이러한 주제들의 복잡성을 다루는 것을 돕기 위해 내러티브 방법을 선택해 왔다. 이러한 내러티브 사용을 통해 그들의 이야기를 보다 흥미롭게 만드는 것과 더불어, 그들은 전문적 연구와 실천에서의 인간 중심성을 강조하고자 하였다. 이 책의 저자들은 내러티브가 중요한 사건이나 이야기를 강조함으로써 발전을 위한 지침과 결과에 집중할 수 있는 효과적인 방법뿐만 아니라 인간의 이해에 대한 통찰을 제공해 준다고 주장한다. 다음 장에서 우리는 보다 상세하게 내러티브에서의 주요 사건과 이야기들의 유용성을 다루는 것에 대해서 살펴볼 것이다.

5장

내러티브로 주요 사건에 접근하기

이 장은 내러티브가 경험의 이야기 속에 담긴 주요 사건을 부각시키고 포착하는 것을 통해 분석될 수 있다고 제안한다. 연구자가 내러티브 스케치를 통해 세세히 그려 낸 장소, 시간, 성격 그리고 사건들은 그 주요 사건을 찾아낼 수 있도록 돕는다. 이러한 내러티브 스케치를 담고 있는 기초 자료들은 그 주요 사건의 시간, 장소 그리고 묘사를 증진시킬 수 있는 설문, 관찰, 문서 그리고 면담을 포함한다. 이런 자료의 수집은 연구자에게 그들의 연구에 있어서 전체적인 그림을 제공하면서 전통적인 경험적 방법을 통해서는 종종 놓치거나 발견하지 못하는 사건들을 비판적이고 의미에 근거하는 사건들로 분류하도록 한다. 그래서 이러한 사건들은 보고할 만한 연구의 결과가 된다.

🖋 내러티브와 주요 사건

앞 장에서는 연구와 수업에서의 내러티브의 교육적 기초를 명료화했다. 이 장에서는 내러티브 연구에 기초를 둔 연구방법론을 위한 틀로서의 경험의 이야기 속에서 펼쳐지는 주요 사건의 사용에 초점을 맞춘다.

내러티브는 사건 위주의 연구 도구이다. 주요 사건들과 그것들을 둘러싸고 있는 세부사항을 확인하는 것은 연구 주제를 묘사하는 데 효과적인 힘이다. 특정한 사건들은 종종 우리가 인생 경험을 기억해 낼 수 있는 결정 요소이다. 과거 주요 사건들에 관한 우리의 기억은 새로운 상황에 적용할 수 있는 전략과 과정을 택하도록 이끈다. 사건들이 사람들의 삶의 중요한 부분이기 때문에 그 연구의 초점으로 사건들을 사용하는 것은 그 연구에서 중요한 것인지에 대한 핵심을 얻기 위한 가치 있고 통찰력 있는 도구를 제공한다. 사건중심 접근은 또한 많은 양의 자료를 다룰 수 있는 장치이기도 하다.

인간 경험과 개인적 이야기의 구조화 및 재구조화에 접근하는 내러티브 탐구 접근은 많은 연구자가 고려하는 복잡함과 인간 중심의 이슈를 강조하는 방법으로 혼합된다. 이것들은 이해를 바꾸거나 영향을 주도록 도움이 되는 주요 사건의 형태로 기억난다.

우리는 모두 우리의 삶에서 주요 사건들을 가지고 있다. 당신은 최근에 당신이 말한 이야기를 생각할 수 있는가? 그 이야기는 주요 사건이나 경험에 관한 것이었나? 그 예는 다음 한 의사의 짧은 글에 있다.

나는 이야기 형태로 생각을 하기 때문에, 나는 당신에게 하나를 이야기하고자 한다. 내가 의대 4학년 때, 아직도 내 마음에 걸리는 한 환자가 있었다. 나는 인턴이었고, 거의 의과대학을 마쳐 가고 있었다. 레지던트 선배가 나에게 우선적으로 책임을 져야 할 서너 명의 환자를 붙여 주었다. 한 사람은 곱슬머리의 포르투갈어를 사용하는 70세 정도로 보이는 여성이었고, 그녀는—내가 여기에서 기술적인 용어를 사용할 것인데—몸이 안 좋은 이유로 병원에 입원했다. 그녀는 병든 것을 느꼈다. 그녀는 기침을 했지만 열은 없었다. 그녀의 맥박과 혈압은 정상이었다. 그러나 어떤 검사들은 그녀의 백혈구 수치가 상승하고 있다는 것을 보여 주었다. 흉부 엑스레이는 폐렴의 가능성을 보여 주었다. 그럴 수도 있고 아닐 수도 있었다. 나는 검진을 위해 하루에 두 번 그녀를 보러 갔다. 나에게 그녀는 비슷했다. 그녀의 심박 수는 상승했다가 하락했다. 가끔 그녀는 더워했고, 가끔은 추워했다. 나는 그녀에게 항생제를 주었고, 그녀가 나아지기를 기다렸다. 그녀는 정상이었다.

어느 날 아침, 그녀의 심박 수가 약간 높았고 피부가 약간 따뜻했다. 그녀는 미열이 있었다. "그녀에게서 눈을 떼지 마."라고 선배 레지던트가 나에게 말했다. 나는 "물론이죠."라고 대답했다. 비록 나에게 그녀가 그저 그런 사람이지만 말이다. 나는 우리의 일상적인 회진 시간 전인 이른 오후에 그녀를 보러 가기로 계획을 세웠다. 그러나 선배 레지던트가 그녀를 아침에 두 번이나 검진하러 갔다가 왔다.

그때부터 내가 종종 생각했던 것은 바로 그 작은 행동이었다. 그것은 작은 일이고, 양심적인 작은 행동이다.

선배가 처음 찾아갔을 때, 그는 그녀가 높은 열이 있다는 것을 알았다. 두 번째 갔을 때 그는 그녀를 중환자실로 옮겼다. 나는 큰 당혹감을 느꼈지만, 그녀에게는 엄청난 행운이었다. 즉, 내가 무슨 일이 일어났을지에 대한 단서를 가질 때, 선배는 이미 강력한 전염성이 있는 급성 폐렴으로 인한 패혈 쇼크로 그녀를 치료하고 있었다(Gawande, 2005, pp. 28-30).

이야기들은 주요 사건들을 특징으로 하고, 가장 중요한 사건들이 듣는 사람에게 전해지는 것에 의한 기제이다. 이런 방법으로 주요 사건들은 세대와 시대를 넘어 소통된다. 사람들은 가장 중요한 이러한 사건들을 추출한다. 사람들에게 이야기의 가장 중요한 사건의 추출은 내러티브의 분석방법에서 주요 사건의 사용에 필수적이다.

우리가 경험을 기억하는 것처럼 우리가 이러한 경험들의 이야기를 펼치는 것이다. 그 이야기는 또 기억나는 사건을 연상시킨다. 그 사건은 특정한 경험의 결과로서 새로운 이해의 발전을 함께 가져온다. 아마도 중요하게 그것은 시간에 대한 시험이고 많은 다른 세세한 것이 다시는 기억날 수 없도록 자취를 감추는 그런 곳에서 살아있는 기억 속의 자리를 간직한다.

연구에 대한 주요 사건 접근의 사용은 내러티브 탐구에 관한 문헌에서 사용되는 다른 분석방법들의 사용을 배제하지 않는다. 다른 방법들은 문학비평과 같이 내러티브에 관한 전통적 접근 방식에 입각하여 인간의 경험 이야기를 다루는 경향이 있고 물론 그 접근에서 분석 용어를 빌려온다. 우리는 이전 장에서 이러한 것을 알아보았다.

이러한 방법들의 기초는 내러티브 분석을 구조화하기 위해 스토리보드를 사용하는 것이다.

Connelly와 Clandinin(1990) 및 다른 연구자들은 내러티브 연구방법론에 적용할 수 있는 절차와 방법을 제안한다. 내러티브 스케치라고 일컬어지는 이러한 절차들과 방법들은 사건, 특징 그리고 구조를 묘사한다. 분석은 과정의 묘사, 결과의 제시, 결론, 위험 그리고 내러티브와 연합한 협상에 의해 제공된 발판을 통해 행해진다. 이것들은 이번에는 더 나아가 연구자를 돕기 위한 많은 작은 표제(subheading)가 된다. 그러나 이러한 분류들 중 몇몇은 일반적으로 총체적인 연구 용어로서 사용되는 반면, 이 저자들은 그것들을 내러티브 맥락 안에서 다르게 정의한다는 사실을 알아야 한다.

여기에서 연구자들에게 어느 정도 경고를 하는 것이 적절하다. 그러한 접근들은 자료의 출처들 사이에 있는 상호관계의 복잡함에 의존한다. 연구자들에 의한 결과의 분석은 아마도 자료들에 구멍을 너무 깊이 뚫어서 내러티브 접근의 핵심, 즉 사건과 인간 이해와 행동에 관한 중요성을 놓친다.

이 장에서는 내러티브 연구가 만들어 내는 막대한 양의 자료들과 출처들을 포함하여 더욱 내러티브에 바탕을 둔 접근을 사용하기 원하는 연구자들이 주요 사건을 이용하여 어떻게 많은 문제를 다루는지 명확히 규명해 보려 한다. 그것은 또한 인간 이해를 형성하고 그에 영향을 주는 그런 주요 사건들을 놓치지 않도록 자료 속에 너무 빠져들지 않고 자료들을 분석하여야 하는 문제를 다룰 것이다.

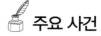 ## 주요 사건

무엇이 주요 사건인가

하나의 사건은 "그것이 적당한 맥락 안에서 적당한 시간에 적당한 성분들의 혼합"을 가질 때 주요한 것이 된다(Woods, 1993a, p. 102). 이야기 속에서 언급된 주요 사건은 이야기하는 사람에 의한 이해나 세계관의 변화를 보여 준다. 하나의 사건은 그것이 다음의 특징들을 가지고 있기 때문에 주요한 것이 된다. 그것은 전문적이거나 직업에 관련한 역할을 하는 이야기꾼의 성과에 영향을 미친다. 그것은 아마도 트라우마적 성분을 가지고 있거나, 대중 앞에서나 방송에 의해 지나친 관심을 끌거나, 혹은 개인적 노출의 위험—질병, 소송 행동 혹은 다른 강력한 개인적 결과—을 야기한다. 그러나 주요 사건을 중요하게 만드는 것은 이야기꾼에게 달려 있다(Bohl, 1995). 그것은 거의 항상 변화를 주는 경험이고 오직 나중에 정의될 수 있다. 아마도 다른 연구방법들에 적용할 수 있는 주요 사건을 관찰하기 위해 예측하거나 계획하는 것은 불가능하다. 조금 덜 주요한 사건도 여전히 한 사람의 행동과 기능에 영향을 준다는 사실도 알아야 할 필요가 있다.

그것들이 발생하기 전에 주요 사건들의 목록을 작성하는 것은 불가능하다. 종종 전통적인 연구의 경우, 연구자는 조사 전에 관심이 있는 질문과 사건들의 목록을 생성한다. 한 사건을 돌이켜 볼 때만 이야기꾼에게 있어서 중요해 보인다. 사건과 사건을 상기시키는 시간 사이가 길어질수록, 그 사건의 영향은 더욱 커지고 그 중요성은 더욱 확고해진다.

이런 사건들은 시간, 도전 그리고 변화로 특징지을 수 있다. 시간이 지남에 따라 마음은 불필요한 세부사항들을 버리고 정제하며, 변화하고 지속되는 가치를 가진 요소들만 남긴다. 그 주요 사건은 이야기꾼의 이해와 세계관에 이의를 제기할 것이다. 그 사건은 아마도 미래의 행동과 이해를 형성하면서 그들의 경험과 이해를 변화시켰을 것이다. 이 시점에서 이 장의 이후에 나오는 '유사한 사건(like event)'이라는 용어가 또한 사용된다는 것을 알리고 싶다. 비록 주요한 사건으로서 같은 비율이 아닐지라도, 하나의 유사한 사건은 다른 사람에게 똑같이 혹은 비슷하게 일어나는 사건들을 찾는다.

주요 사건들이 반드시 긍정적이지는 않다. 어떤 주요 사건들은 부정적인 영향을 끼친다. Woods(1993b)는 부정적인 주요 사건들을 설명하고, Sikes 등(1985)은 '반대적 사건'이라고 부르는 용어를 사용하기를 추천한다. 이 책 대부분에서 우리는 그들의 배움에 영향을 주는 긍정적인 주요 사건들을 살펴본다. 대부분의 연구자는 같은 관점을 갖는다.

Measor(1985)는 주요 사건이나 '주요 장면들'을 다음과 같이 세 가지로 정의한다. 외부적, 내부적 그리고 개인적인 것이다. 그녀는 그것들을 교수직(가르치는 것)에 연결시킨다. 하지만 그것들은 또한 다른 직업에 적용할 수 있다. 그녀는 다음과 같이 주장한다.

- '외부적'인 주요 사건들은 역사적·정치적 사건들에 의해 생길 수 있다.

- '내부적'인 주요 사건들은 일의 자연스러운 진행 속에서 발생한다. 가르치는 일에서 그녀는 몇 가지 주요 기간을 강조한다. 예를 들면 다음과 같다.
  - 가르치는 직업을 시작했을 때
  - 첫 교수 행위
  - 첫 18개월
  - 처음 일을 시작한 후 3년
  - 도중에 옮기거나 승진
  - 은퇴 전 기간
- '개인적' 주요 사건들은 가족 사건, 병 등이 될 수 있다.

주요 사건은 거의 항상 변화를 주는 경험이다. 이 변화 경험은 이야기꾼이 그들의 현실의 경험과 그들이 가진 이상적 세계관의 통합에서 어려움에 부딪혔을 때 생긴다. 이야기꾼이 그들의 세계관의 변화를 수용하기 위해 싸우고 있을 때, 이 믿음과 경험의 갈등은 주요 사건의 발전을 만든다(Fay, 2000).

주요 사건에 대한 믿음의 배경과 인간의 생각

인간 경험과 가르침 그리고 배움에서 주요 사건들이 발생한다는 논의는 새로운 것이 아니다. Woods(1993b)가 기록했듯이, 인간의 삶에서 주요 사건의 중요성은 Strauss(1959), Berger와 Kellner(1964), Becker(1966), Walker 등(1976), Measor(1985), Sparkes(1988)를 포함하여 많은 사람이 오랫동안 강조하였다. Sikes

등(1985)은 이러한 저자들이 묘사한 주요 사건들을 "개인적 변화와 발전을 위해 엄청난 결과를 가져오는 귀한 순간과 에피소드들"이라고 상술한다(Woods, 1993b, p. 356에서 재인용). 1960년대 중후반의 프랑스 이론들과 더불어, 이러한 글들은 최근 수십 년 동안 내러티브의 인기 증가에 중요한 영향을 주었다.

부수적으로 주요 사건(critical event)이 때때로 주요 '우발적 사건(critical incidents)'으로 언급되기도 한다. Woods(1993a, 1993b)와 같은 저자들은 심지어 이 두 용어 사이에 구분을 하기도 한다. Woods에게 주요 사건들은 대부분 계획되고 예측된 것인 반면, 주요 우발적 사건들은 예측되지 않고 계획되지 않은 것이다. 우리는 이 책에서 그런 구분을 하지 않는다.

주요 사건의 기원은 비행심리학 분야에 있고, John Flanagan이 처음으로 그것을 명명하였다. 제2차 세계대전 중 비행사 훈련에서 실패하는 비율이 높아서 Flanagan은 주요 우발적 사건 기술(Critical Incident Technique: CIT)이라고 부르는 분석적 방법을 발전시켰다. 이것은 긍정적 혹은 부정적 결과를 초래하는 특정 행동들을 정의하기 위해 성공과 실패의 우발적 사건들을 시간이 지난 후 분석하는 기술이다. Flanagan이 CIT라고 부른 것은 1954년 *Psychological Bulletin*에 처음 게재되었다. 그에 의하면, CIT는 "인간 행동의 직접 관찰을 모으기 위한 한 일련의 원칙인데 이는 현실적 문제를 해결하고 폭넓은 심리적 원칙을 발전시키는 데 잠재적 유용성을 용이하게 하기 위한 것이다"(Flanagan, 1954: Fountain, 1999, p. 10에서 재인용).

Flanagan이 설명했듯이, 주요 우발적 사건들은 전형적으로 세 가지 특징을 포함한다. 즉, 상황에 대한 묘사, 그 사건의 주요 인물의 행동과 행태에 대한 설명, 그리고 결과와 성과이다(Fountain, 1999).
Flanagan은 더 나아가 CIT에 포함되는 5개 단계를 정의한다(Byrne,
2001).

① 연구의 일반적 목적을 결정하는 것(연구 아래 주제의 기술)
② 어떻게 실제 사건들이 모아지는지를 계획하고 특징짓는 것
③ 자료 수집(아마 인터뷰나 관찰 기록을 통한)
④ 자료 분석(본문 분석이나 주제 정의를 통해서)
⑤ 연구되는 사건의 필수 요소를 해석하고 기록하는 것

이 기술은 가장 자주 조직적인 심리학, 관리(특히 인적자원 관리),
건강 관리 그리고 교육과 관련된 곳에서 사용된다.
Flanagan 이후로 주요 사건을 사용한 저자들의 시간선은 다음과
같다.

1954 Flanagan
1959 Strauss
1964 Berger와 Kellner
1966 Becker
1967 Glasser와 Strauss
1976 Walker
1985 Measor
1985 Benyon
1985 Sikes 등

1988 Sparkes

1990 Strauss와 Corbin

Strauss(그리고 동료들)의 글들은 자아에 초점을 두고 사회심리 분석적 관점에서 주요 사건을 기록한다. 그는 사건들과 그에 대한 우리의 이해 사이에는 일시적인 틈이 있고, 이 '세계'는 그것에 대한 우리의 해석에 달려 있다고 기록한다. Strauss는 면대면 '상호작용'이 이야기로서 더 잘 묘사된다고 하고, 심지어 상호작용이 일시적으로나 가끔 일어날 때 누적되고 발전하는 경향이 있다고 기술한다. 비록 이것은 주요 사건의 개념과 직접적으로 관련이 있지는 않지만, 그럼에도 불구하고 그것은 그것이 인간의 변화에 영향을 준다는 점에서 비슷한 바탕을 가진다.

Strauss는 또한 우리가 완벽하게 현재 행동을 인식할 수 있지만 우리는 오직 그것이 이미 지났을 때 그에 대해 판단할 수 있다고 제안한다. 과거 행동들은 재평가와 선택적인 기억을 통해 새롭게 보이게 된다. Strauss가 제안한 시간의 틀은 그것이 지난 후에 중요하다고 생각되기 때문에 주요 사건의 시간의 틀과 일치한다. 그래서 과거 행동들이 사람을 이해하거나 세계관에 큰 영향을 미친다는 것은 오직 회상 속에서만 가능하다.

주요 사건의 중요성

주요 사건은 그 자체의 영향과 그것을 경험하는 누군가에 대한 깊은 영향 때문에 중요하다. 그것은 종종 사람에게 있어 급진적인 변화를 가져온다. 이러한 사건들은 계획적이지 않고, 우연적이고, 통제되지 않는다. 연구자에게 있어서 이러한 깊은 영향에 전체적으로 접근할 수 있는 기회는 복잡하고 인간 중심적인 정보를 이해하는 방법이다.

Woods(1993a)는 교수-학습과 관계된 주요 사건에 대해 기술하였다. 그는 그것이 일반적이지 않게 가속화된 방법들로 이해하는 것을 증진시키고, 변화를 위해 중요하다고 주장한다. 더 나아가 주요 사건들은 중요한 보존과 보증 기능을 가지는 것처럼 보일 뿐만 아니라 반대적 힘의 압력에 대항하여 현실과 자아의 정의를 유지하는 것을 도와주는 것 같다.

Woods(1993a)는 다음의 네 가지 방법에서 주요 사건들이 중요해진다고 본다.

- 그것은 가속화된 방법으로 학생의 배움을 증진시킨다. 예를 들면, 학생의 배움에 대한 태도, 자아에 대한 이해, 다른 사람들과의 관계, 지식의 습득 그리고 기술의 발전을 통해서이다. 이 배움은 전체적 변화를 포함한다.
- 그것은 교사 발전을 위해 중요하다. 예를 들면, 그들의 장인 정신과 자아실현에 대한 자긍심을 통해서이다(어떤 사람들은 교사의 역할이 불가피하게 학생의 역할을 수반한다고 주장한다).
- 그것은 교사들에게 있어서 이상과 헌신을 회복한다. 주요 사건들은 반대적 힘의 압력에 대항하는 현실과 자아에 관한 특정한 정의를 주장한다. 주요 사건들은 교사들이 그들에게 습관적으로 행해지는 공격에도 불구하고 그들의 이상을 회복할 수 있게

한다. 어떤 면에서 그것은 일종의 대처 전략이다.

• 그것은 교사의 사기를 북돋는데 이는 이 직업 전체에서 아주 중요하다.

Woods(1993a)는 주요 사건들이 정돈되고 논리적인 조화를 가지며, 비록 표면에서는 보이지 않을 수 있지만 그 내면에는 특색 있는 기초적 패턴이 있다고 주장한다. 표면을 넘어서는 것은 인간의 이해와 배움의 복잡함에 대해 민감한 방법론이 필요하다. 깊이 있는 문제들을 발견하는 것은 인간 존재의 혼란스럽고 모호한 현실들과의 접점이 될 수 있는 더욱 전체적인 접근이 필요하다. 다음 장에서 우리는 '유사한 사건'(아마도 이것은 Woods가 말한 조화로 접근하는 방법이다)을 사용하는 것이 사건과 연구자들의 분석에 대해 정당함을 제공할 수 있다는 것을 제안한다.

 ## 주요 사건, 유사한 사건과 다른 사건-
자료의 분석을 위한 분류

사건은 그것들의 위험성 때문에 특별하다. 이것은 (특이할 수 있는) 내용과 관련이 있기보다 이와 관련된 사람들에게 끼친 깊은 영향력과 더 연관이 있다(Woods, 1993b, p. 356).

수집된 이야기들은 주요 사건, 유사한 사건 그리고 다른 사건으로 분류될 수 있다. 이를 통해 자료들은 조사의 맥락에서 수집되고, '주요' 사건, '유사한' 사건 그리고 '다른' 사건으로 할당하기 위해 분석된다. 이 장에서 지금까지의 논점은 주요 사건들을 자세히 살펴본 것이다. 이 절에서는 더 나아가 유사한 사건 그리고 다른 사건의 사용을 서술한다.

한 사건은 만약 그것이 주요 사건에서 사용되는 맥락, 방법 그리고 자료를 반복하지만 다른 사람들의 것이라면 유사한 사건으로 분류된다. 그것이 주요 사건과 같은 수준에서 발생하고 그 맥락이 주요 사건과 같기 때문에 '유사한 사건'이라고 불린다. 예를 들어, 교수와 학습에서 그것은 방법과 자원이 같을 때 다른 학생들과 교사에게서 발생한다. 이러한 유사한 사건의 고찰은 주요 사건으로부터 문제를 확인 그리고/또는 확장하는 데 유용하다.

다른 일회적이고 부수적인 정보는 '다른 사건'이라고 불리고, 똑같은 문제들을 밝힐 수도 있다. 이러한 사건들은 수집된 주요 사건 및 '유사한 사건'과 같은 장소, 같은 맥락 그리고 같은 시간에 발생한다. 다른 사건의 특성은 직관적으로 주요 사건을 형성하는 복도에서의 만남, 점심시간의 대화 그리고 많은 격식 없는 모임을 포함한다. 그것의 분석에서의 발견은 주요 사건과 유사한 사건의 분석에서의 것과 밀접히 관련되어 있다.

〈표 5-1〉은 이 장에서 지금까지 논의된 사건들의 분류의 정의를 요약한 것이다.

〈표 5-1〉 '주요, 유사한, 다른'의 용어 정의

주요 사건	그것의 독특한, 묘사할 수 있는, 확인되는 특성 때문에 선택된 사건
유사한 사건	주요 사건과 같은 연속적인 수준, 더 나아가 주요 사건의 경험을 묘사하고, 확인하고, 반복하는 것
다른 사건	주요 사건과 같은 시간에 발생하는 추가적인 사건

유사한 사건이나 다른 사건으로 분류된 자료들에 있어서, 있음 직하거나 사실적으로 보이는 것은 주요 사건에 제공된 이야기의 증명을 확인하는 데 사용되어 왔다. 유사한 사건과 다른 사건의 분석들은 주로 비슷한 문제들이 강조된다.

유사한 사건과 같이 관련이 있는 많은 사건의 발생을 고려할 때, Gough(1997)는 내러티브의 최고 장점은 현실 삶의 경험에서의 다양한 가능성을 볼 수 있게 하는 것이라고 본다. 이 모든 사건의 관련성과 각 사건마다 각 의미가 연결되어 있다는 것은 유용한 정보의 자원들로서 유사한 사건의 용도를 확인시켜 준다.

수집되는 사건의 수에는 제한이 없다. 사건의 '주요' '유사한' 그리고 '다른'이라는 분류는 수집될 법한 자료의 복잡성과 확장에 접근하는 방식을 제공한다. 질적 연구에서의 하나의 일반적 질문은 어떻게 수집된 자료의 양을 관리하는가이다. 이런 면에서 사건들의 분류는 연구자들을 돕는 한 방법을 제공한다.

주요 사건의 예

주요 사건들은 때때로 개인의 직업적 경력의 발전적인 미래에 파괴적인 결과를 가져온다. 우리의 첫 번째 이야기는 개인적 직업 인생에서의 그런 주요 사건을 관찰한 것이다.

■ 한 항공교통 통제 훈련생-나쁜 날

희미한 불빛의 가상의 비행장에 있는 비행장 통제탑을 모방한 '탑 모의훈련 장치'로 걸어 들어가면서, 나는 즉시 그들이 곧 닥칠 상황에 대비해 바쁘게 준비하고 있을 때 두 학생의 긴장과 기대를 깨달았다. 작전상의 공항 통제탑에서와 같이, 한 학생 통제자는 표면 움직임 통제(SMC)를 책임지는 위치에 있었고 다른 한 명은 탑 통제(TWR)를 책임지는 위치에 있었다. 그 모의훈련 통제실에서, 두 학생은 '모의훈련 감독관'으로서 그들 사이에 자리하고 있는 교사들과 함께 '모의' 조종사의 역할을 수행하였다. 통제실 안에 있는 모의훈련 감독관은 명령을 초기화하는 일련의 지시로 계획된 연속 상황을 위해서 시나리오를 설정하기 시작한다. 그 모의훈련에서 학생들의 행동은 절차를 평가하기 위해 나타난 두 명의 교사로 인해 방해를 받는다. 거의 즉시 그 교사들은 절차 전 상황 설명을 시작한다. 이 상황 설명 도중에, 비행장의 모형 시야는 180도 화면에 보이게 되었다. 비록 명백히 비행장으로서 인식될 수 있지만, 모의 탑의 인공적으로 높은 원근감과 자세한 지형의 부족으로 인해 부분적으로 야기되는 불쾌한 초현실적 효과가 나타났다.

SMC와 TWR 학생에 의해 비행 정보 활주로의 최종 조직과 설명을 방해하는 것은 모의 통제 부스에 있는 '모의' 조종사와 학생들 사이를 확인하는 연속적인 소통이다. 설명이 끝나면서, 모의훈련 실험 장치 안의 교사들 중 한 사람이 지시가 떨어지자 절차를 시작하라고 요청한다. 다음 60분 동안, 학생들은 종종 지적을 하거나 다른 교수적 중재를 위해 모의실험을 중지하는 TWR 교사들과 같이 다양한 사건을 조종한다.

TWR 학생(조지)에게 그 절차는 잘 되지 않았다. …… 한 주요 사건은 중도의 중단을 포함하고 TWR 학생에 대한 질문 공세로 시작됐다. 이러한 질문들은 조지가 문제를 인식하도록 할 의도이다. 그러나 그것들은 교사인 로저가 학생을 비판하는 긴 담론의 강단으로 이용되는 결과를 가져왔다.

로저: 당신은 기본이 안 되어 있어요. 항공기는 도착했어요. 당신이 그만둬야 할 다른 것은 당신이 송신기를 선택할 때 휘파람을 불며 아무것이나 하고 싶은 것을 하는 것이에요. …… 우리는 절차 중 30분이 남았어요. 정말 거기서 당신이 나에게 모든 기본을 다 갖췄음을 증명할 수 있는 시간이 30분이 남아 있는데, 그것이 지금까지 일어나지 않았기 때문이에요.

절차의 남은 시간 동안 로저와의 담화는 조지에 대한 그의 비판으로 계속되었고 조지는 그의 능력에 대해 자신감을 잃고 갈수록 높은 스트레스를 나타냈다. 절차가 끝난 후, 학생들에 관한 설명이 시작했다. 조지는 그가 절차에서 실패했다고 들었고 잠시 후 그 과정에서 쫓겨났다. 나는 만약 교사가 그 절차를 취소하고 다른 시간에 그것을 반복했더라면, 혹은 심지어 조지가 그날 다른 지도자와 근무표에 배정되었다면 그 사건은 더 긍정적이지 않았을까, 조지의 결과가 다를 수 있지 않았을까 하는 의문이 들었다. 아마 그 훈련은 그 이전의 정적인 교실 지도에 반하여 모의실험의 역동적인 특성에 대한 준비에서 부적당하였다. 무슨 이유였든 간에 이 사건은 그 학생에게 인생을 바꿀 만한 영향을 주었다(Webster, 1998, pp. 138-166).

개인의 직업적 삶에서의 주요 사건들은 아마 정치적인 사건들과 관련이 있다. 우리의 두 번째 이야기는 많은 사람의 개인적 그리고 직업적 삶에 강력한 영향을 준 중요한 정치적·사회적 사건과 연관이 있다. 이것은 어떻게 그 사건이 그의 고등교육에 대한 인식을 변화시키고, 아마 그의 전체적인 세계관을 변화시켰는지에 대한 한 학자의 반성적 이야기이다.

■ 한 학자의 이야기

나는 내 자신이 축복받은 세대에 속한다고 여긴다. 형용사인 '축복받은'은 내 삶이 체코공화국(예전의 체코슬로바키아)의 시민으로서 경험한 자유가 결여된 '닫힌' 정부의 모델과 연결되지만, 또한 자유, 열림 그리고 '11월 후(post-November)' 모델과도 연결되어 있다. 나는 그것을 나의 세대가 이러한 두 가지 경험을 겪으면서 '형성되었다'는 사실에서 굉장한 장점을 보았다. 말하자면 우리는 비교할 수 있고, 단지 하나의 세계적 '패러다임'만의 '운반꾼'이 아니라는 것이다. 나의 세대에게 있어서 1989년 11월 그리고 체코슬로바키아(이후 체코공화국)의 그것이 가져온 주요 정치적 변화들은 많은 인상과 경험에 관련된다. 어떤 경우든 그것은 개인적인 삶에서 어떤 주요 '순간'이 발생하는 것과 비슷하게 시작하는 순간을 대표한다. 왜냐하면 그것은 아마도 우리에게 처음으로 '진짜' 열린 그리고 자유로운(그리고 '타협하지 않는') 중요한 선택의 공간이 제공된 사건이었기 때문이다. 누구도 어떤 핑계도 더 이상 없는 선택이다. 이것은 공산주의 체코슬로바키아의 시민이 어떤 면에서도 준비되지 않고, 익숙하지 않고, '유능'하지 않은 상황이었다. 나는 심지어 우리 중 얼마나 많은 사람이 어떻게 이 새로운 상황과 관련된 결과를 생각할 수 있었는지 (혹은 준비할 수 있었는지) 확신할 수 없다. 우리 대부분(나를 포함하여)은 오히려 현재 사건의 '시류를 따랐다'.

이 똑같이 '축복받은' 사람의 이해는 나의 학문 환경에 대한 경험과도 관계가 있다. 1987년 대학에 들어가는 것은 대부분의 책임에 아무런 선택이 주어지지 않고 '손에 이끌려 온' 놀랍게도 단단하고 에워싸인 환경을 직면하는 것이었다. 그것은 오직 안전한 편에 있고 독백하는 형태의 강의를 선호하는 강사와의 최소한의 의사소통을 의미했다(예외들은 나를 용서할 것이다). 이것은 우리와 같은 인문학 학생들(내 경우는 역사와 러시아어)의 예에서 더 명백하다. 그러므로 학생회관에 주로 집중된 진짜 학생 공동체의 삶은 모든 더 '원기 왕성한' 그리고 '장난이 심한' 것이었다. 그리고 우리는 (후기)전체주의 정권의 가장 중요한 모습 중 하나인 이러한 상반되는 공동체의 존재를 꽤 당연하게 생각했다.

그중 가장 힘든 것은 모든 1989년 11월의 사건이 가지고 온 큰 변화였다. 체코슬로바키아에서 이 변화는 대학생들(또는 그중 일부)에 의해 우연히 유발되었는데 그들은 이 과정에서 매우 중요한 역할을 했다. 그러나 실제 변화를 일으키기 위한 조건들은 꽤 제한적이었던 것이 명백하다. 그리고 우리는 학문적 환경의 열린 모델과, 혹은 매일의 삶에서, 오직 매우 느리게 그리고 불명확하게 경험을 얻었다. 사실 세계관에 있어 대학의 '열림'은 훈련적·방법론적 그리고 개인적인 의미에서 '도전'을 의미하고 성공이 보장되지 않았다.

체코 대학의 89혁명의 예상치 못한 결과 중 하나는 어떤 학부(특히 인문학 및 예술 위주)나 그들의 개인적인 학과나 기관을 이끌어 간 학생들의 진짜 참여이다. 그리고 이것은 (미래의) 일반 학생 대표(예를 들어, 이사회를 여는 것과 같은)가 아니었지만 더 '혁명적인' 대학 구조에서의 학생의 대표였다. 이것은 대학 지도자들과 당연히 대부분의 강사가 빠져 있는 전례 없는 상실과 불안을 반영했다. 그들 중 몇몇은 아마 1940년대 말과 1950년대 초에 체코 대학이 공산주의 철폐 운동을 경험할 때 그들이 가졌던 혁명적 참여에 대한 오랫동안 잊힌 기억을 되살리는 듯했다.

나는 우연히 문학부 슬라브학과의 그런 학생대표였다. 그것은 우리가 개별 학과나 개별 과목의 학문 구조에 확고한 영향을 끼쳤다는 것이다. 예를 들어, 눈에 띄게 추구하는 바는 공산주의 시기 동안 매우 제한적이었던 외국어 교수의 확장이었다. 우리는 살아 있는 언어(특히 영어)와 심지어 사라진 언어까지도 성공적으로 달성했다. 하지만 이 일은 내가 다시 '일반적인' 학생이 되었을 때, 그리고 새 학기가 시작되면서 나의 시간표를 학과 게시판에서 확인할 때, 2년 후에 나에게 되돌아왔다. 나는 같은 것을 하고 있는 1학년들의 무리들과 거기에 서 있었는데 그중 한 아이가 지적을 했다. "어떤 바보가 이렇게 많은 라틴어를 필수로 만들었어?" 그 대답은 '나!' 혹은 오히려

'우리!'였기 때문에 나에게 약간 충격이었다. 당연히, 나는 그 학생들에게 이것이 사실은 값비싼 자유의 대가의 '덤'을 의미한다는 것을 밝히지 않았다. 그러나 그 상황에서 나는 1989년 11월(November 1989)과 나의/우리의 행동이 내가/우리가 '장벽의 다른 면'으로 옮겨졌다는 사실을 인정해야만 했다.

우리는 종종 1989년 이후의 체코 대학에서의 학문의 자유의 시작(부활)에 대한 판에 박힌 문구를 듣지만, 나는 이 사건이 역사적 사건의 발전은 그것에 앞서 결정되거나 예측될 수 없는 것을 나타낸다고 생각한다. 그리고 종종 관련된 대부분의 사람은 그것 속에 있는 그들의 위치를 발견하지 못하거나 심지어 미래에 발전될 가능한 모든 방향을 상상하지 못한다(Jan Holzer, 'Stories of Professional practice', 2005).

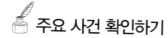

주요 사건 확인하기

주요 사건들은 이야기꾼에 대한 영향력으로 확인된다. 이야기가 진행되면서 중요성의 정도는 명확해진다. 그것은 무계획적이고 예기치 못한 것이다. 그리고 그것은 또한 다음과 같은 특성들을 가지고 있다.

- 공적인 조직적 구조나 실행의 공동체와 같은 특정한 맥락 안에 존재한다.
- 연관된 사람들에게 영향을 미친다.

- 인생을 변화시키는 결과를 가지고 있다.
- 무계획적이다.
- 잘 정의된 단계의 패턴들을 발견한다.
- 오직 사건 후에만 확인된다.
- 강하게 감정적으로 연루되어 매우 개인적이다.

사건의 맥락은 조직적인 구조 안에서 존재하고, 그것의 지배, 훈련의 과정, 권위, 조작적인 절차 그리고 성과 기대에 대해서는 주관적이다. 인간 행동과 조직적인 변화에 대한 연구는 이 맥락을 강조한다.

주요 사건들은 공동체에서 일어난다. Bruner(1986)는 "최대의 환경에서 최대의 배움은 공동의 활동, 문화의 공유이다."라는 것을 관찰한다(Woods, 1993b, p. 362에서 재인용). Woods(1993a)에 따르면, 이것의 효능은 주요 사건들 안에서 잘 그려진다. 그러나 주요 사건들은 항상 동시에 조직의 밖과 그 이상의 어떤 것을 포함한다. 다시, Woods(1993a)는 비록 정확히 설명하기 어렵지만 우리 모두가 이것이 어떤 특별한 것이라는 것을 안다고 주장한다. 연구자들에게 가장 흥미로운 주요 사건들은 실행 공동체에서 일어나는 경향이 있다. 이러한 실행 공동체들은 아마도 가치, 태도 그리고 지식을 공유하지만, 동시에 항상 긍정적이지만은 않은 모습들을 나타내기도 한다. Strauss(1959)에 의하면, 모든 크기와 구성 요소의 단체는 안과 밖의 모든 종류의 일시적인 신분으로 그들의 구성원에게 그가 '지위-영향력'이라고 지칭한 힘을 구사할 수 있다. 더 나아가 Strauss(1959)는 심지어 상호작용이 잠깐 동안이나 가끔 일어날 때에도 그것은 축적되고 발전되는 특성을 가지고 있다고 한다. 이와 관련하여 Surauss는 동일시가 절대로 얻어지지도, 유지되지도 않는다고 지적한 Erikson(1956)을 언급한다. 좋은 양심과 같이, 그것은 계속적으로 잃고 또 다시 얻게 된다(Strauss, 1959, p. 109에서 재인용).

주요 사건들을 조사하면서, 실행 공동체 안에서의 참여와 이러한 주요 사건의 특성을 정의하는 것은 연구자의 조사 결과를 더 지지하는 데 유용한 유사한 사건 혹은 다른 사건을 제공하는 것이다.

중요성은 (아마 독특할 수도 있는) 내용보다는 관련된 사람들에게 끼치는 영향과 더 깊은 관계가 있다. 사람들의 삶에서 주요 사건의 중요성은 Strauss(1959), Becker(1966), Measor(1985), Sparkes(1988)가 밝혔다. 만족하지 못한 성취에서 최종 평가를 치른 학생이 코스에서 정학을 당하고 직업을 잃을 가능성이 하나의 예이다. 우리가 항공 통제 훈련생들의 이야기에서 이미 언급한 것과 같다. 주요 사건은 반짝하는 순간과 긴 기간의 결과 사이에 놓여 있다.

Woods(1993a)는 교사교육에 대해서 쓰면서 주요 사건이 다음과 같이 되어야 한다고 주장했다.

계획할 수도 없고, 예측할 수도 없고, 통제할 수도 없다. 그것은 교사의 역할에 있어서 어떤 주요 문제적인 면과 그 해답을 동시에 지닌 것 같은 짜릿한 순간을 조명하는 반짝하는 순간이다. 사건을 각색하는 것은 교사-학생 상호작용을 새로운 수준으로 끌어올리고 그것이 영구적으로 새로운 의미로 스며들게 하는 것이다. 예를 들어, 가르치는 것을 시작하는 것과 같은 그런 사건들은 주요한 기간에 더 높은 비율로 있을 것이다

(Woods, 1993a, p. 357).

어떤 사람들은 주요 사건들이 잘 정의된 단계를 제시하는 구조를 가지고 있다고 말한다. Woods(1993a)는 다음의 단계들을 제안한다.

① 개념화하기: 과정은 첫 자극이나 개념의 순간에 의해 움직인다.
② 준비와 계획: 이것은 정보 전달, 자원 그리고 기술의 습득을 포함한다. 목표들은 명백하게 하고, 계획을 세우게 한다.
③ 발산: '폭발' 단계로서 학생들이 혁신적이고 창조적으로 기회를 탐색하고 그들의 능력을 확장하도록 권장한다. 새롭고 완전하게 예측할 수 없는 교수와 학습 기회가 증가한다.
④ 집합성: 기획의 목표를 최선으로 실현할 수 있도록 이전 단계의 결과를 살펴보고 통합하는 단계이다.
⑤ 합동: 쓰기, 편집, 그림 그리기, 공연이나 무엇이든 표현의 전달체나 도구를 사용하여 작업이 정교화된다.
⑥ 축하: 사건의 종결을 명백히 알린다.

그러나 주요 사건들이 이러한 구조에 있다는 주장은 주요 사건이 본래 명백하게 혼란스러운 활동이기에 조화하기 힘든 문제를 포함한다는 사실을 고려하지 못하고 있다. 그것의 발전적 문제에 구조적 관점을 부여하는 것은 문제라고 볼 수 있다. 주요 사건들이 무계획적이고 예측할 수 없다는 핵심적 인식을 유지하는 것은 중요하다. 그것의 확인은 연구자가 사건과 입증되는 이야기들을 ('유사한' 그리고 '다른' 사건들을 통하여) 포착하고 반성함으로써 발생한다. 그리고 그것은 이 무계획적이고 예측할 수 없는 주요 사건의 특성이 전통적인 연구방법을 통해 종종 보고되지 않는 이러한 문제들을 밝혀내고 드러나게 하는 내러티브 연구 접근의 사용을 지지하게 해 준다.

 ## 이야기 수집

　주요 사건을 탐색하면서 연구자는 스토리텔링을 한다. 이를 할 수 있는 한 방법은 개방형 질문을 사용하는 것으로 연구자가 연구 참여자를 스토리텔링에 참여하도록 초대하는 것이다.

　Strauss와 Corbin(1998)은 다음과 같이 말했다.

　　보통 이야기꾼이 선택한 기술적인 세부 내용은 그나 그녀가 중요하다고 보거나 듣거나 생각한 것에 기초해서 의식적으로 혹은 무의식적으로 선택된다. 비록 기술이 종종 신뢰성을 전달하고 이미지를 그려 내는 방법으로 사용되지만 그것은 또한 설득하고, 확증하고, 표현하고, 열정을 북돋기 위해 설계된다(p. 18).

　Strauss와 Corbin(1998)에 따르면, 좋은 질문을 하는 것은 참여이론의 발전에 기여한다. 그들은 질문들을 다음과 같은 유형으로 나눈다.

　① 민감한 질문들: 여기서 무슨 일이 있는가(논점, 문제, 걱정)? 누가 연루된 사람인가? 어떻게 그들이 이 상황을 정의하는가? 그

들에게 그것의 의미는 무엇인가?

② 이론적 질문들: 한 개념과 다른 개념 간의 관계는 무엇인가(어떻게 그들이 비슷하거나 관계가 있는가)? 어떻게 사건과 활동이 시간에 따라 변화하는가?

③ 실제적이고 구조적인 질문들: 어떤 개념들이 잘 형성되어 있고, 어떤 것은 잘 안 되어 있는가? 발전하는 이론을 위한 자료가 무엇이고, 언제, 어떻게 모아졌는가? 논리적으로 발전된 이론인가?

Reighart와 Loadman(1984)은 두 초보교사의 수업 시간 경험 중에 발생한 주요 사건에 대한 학생들의 내러티브 보고서의 내용을 분석하기 위한 체계(system)를 만들었다고 상술했다. 그들의 내용 분석적 체계는 각 사건이 네 가지 방법으로 분류되는 계층적인 분류법이다.

① 경험의 종류(즉, 사건이 발생하는 도구적인 전략)
② 사건의 종류(즉, 교사의 책임 혹은 교사의 의사결정 영역)
③ 사건의 분류(즉, 사건 동안의 특별한 상황 혹은 행동)
④ 사건의 영향(즉, 사건에 대해 표현되는 느낌)

게다가 그들은 다음과 같이 내용 분석적 체계를 발전시키는 것에 포함된 주요 과정들을 규정한다.

① 사건에 대한 학생들의 보고에 바탕을 둔 초기 분류 종목들의 발전

② 초기 분류를 이용한 주요 사건들의 시행 분석과 추후 분류 체
  계 수정
③ 평가 기술의 발전과 상호 평가 신뢰도의 결정
④ 사건을 분류하는 데에 사용되어 온 절차들의 성립
⑤ 주요 사건의 큰 표본에 대한 내용 분석

내러티브 연구에서 질문들은 주요 사건의 고찰과 상기를 권장하는 방법으로 구성되어야 한다. 내러티브가 필수적으로 일시적이기 때문에, 시간과 경험은 여기에서 중요하다. 시간과 경험을 탐구에 적용하고 신뢰하는 상황을 허용함으로써 이야기들은 경험과 이해를 반영하도록 서술된다(Webster, 1998).

다음의 질문들은 그들에게 영향을 주었던 과거의 사건을 반영하기에 유용한 발견이라고 생각되는 것들이다. 조사되는 사건의 시간 틀과 위치를 확립하면서 시작하는 것이 연구자에게 유용하다.

① 당신이 〈조사의 맥락〉을 가진 한 기억을 생각하라. 나에게 그
  것을 말해 달라.
② 〈조사의 맥락〉으로 돌아가 생각하면서, 당신이 기억하거나 생
  각나는 것은 무엇인가?
③ 만약 〈조사의 맥락〉에 대한 하나의 주요 기억이 있다면 그것
  은…….
④ 〈조사의 맥락〉에서 당신은 특별하게 스트레스를 많이 받았던
  시기를 기억하는가?
⑤ 어떻게 그것이 당신에게 영향을 주었다고 말하고 싶은가?

⑥ 이 사건에서 다른 사람들(주요한 타인)은 어떤 역할을 했는가?

⑦ 만약 당신이 그 사건에 대해 한 가지를 말한다면 그것은……

⑧ 어떻게 당신은 변화하는 영향과 오래 지속되는 효과를 설명하고 말하겠는가?

비공식적인 접촉과 기회는 공식적인 기회와 같이 연구 자료를 제공한다. 질문들이 연구자들에게 유용한 반면, 사람들이 그들의 이야기를 말하는 넓은 범위의 맥락으로부터의 이야기를 경청하는 것(잘 듣는 사람이 되는 것)은 연구자에게 매우 중요한 자료를 제공하고 연관된 주요 사건들을 그 특유의 방식으로 밝혀낼 수 있다. 더 많은 질문들이 이미 들은 이야기들의 측면을 정교하게 하거나 명확히 하는데 설계되고 사용될 수 있다.

 ## 주요 사건의 분석과 보고

경험에 대한 개인적인 이야기의 수집은 설문 결과가 그렇게 되는 것처럼 종종 자료표들로 쉽게 요약되거나 압축되지 않는다. 오히려 전반적인 탐구로서 독자가 맥락을 이해하기 위한 필요에 반응하는 것이 유용하다. 주요 사건들에 적용할 수 있는 내러티브 스케치는 이 목표를 성취하기 위한 방법이다. Connelly와 Clandinin(1990)은 내러티브 스케치를 다음과 같이 설명한다.

연극을 보는 사람들이 자신들의 자리로 안내되었을 때 받는 노트처럼 그것은 장면과 줄거리의 폭넓은 묘사 그리고 많은 주요 인물의 성격, 장소, 주요 사건 등에 대한 부분묘사 (subsketch)를 가지고 있다(p. 11).

이러한 스케치들은 가장 많이 말해지는, 즉 주요 사건들이라고 말하는 기록들에 의해 형성된다. 이야기가 가장 기억나고 인상적인 사건들을 상술하듯이, 이러한 주요 사건들은 가장 기억나고 인상적인 이야기들을 반영한다. Connelly와 Clandinin 및 다른 많은 저자가 내러티브 연구에서 장면(scene)과 줄거리(plot)라는 용어를 사용한다는 점을 주목하라. 우리는 장소(place)와 사건(event)이라는 단어들이 더 일반적인 의미와 넓은 활용성을 가지기 때문에 이 단어들의 사용을 선호한다.

내러티브 스케치의 질은 Connelly와 Clandinin(1990)에 따르면 '넓히는 것(broadening)'과 '파고드는 것(burrowing)'의 두 기준에 영향을 받는다. '넓히는 것'은 일반화를 통해 발생하고 내러티브 스케치에서 더 낮은 가치를 갖는다. 반면에, '파고드는 것'은 실제 사건에 강조를 둔다. '파고드는 것'에서 그 초점은 사건에 둔다. 그것은 곧 현재와 미래를 고려하며 사건의 의미를 반영하는 것이다. 면담과 다른 자료 출처들에 대해 '파고드는 것'은 이 책에서 인간 중심적 연구 문제를 규정하고 원형들의 발전을 알리려 사용되는 분석의 한 방법이다. 그러므로 Connelly와 Clandinin(1990), McEwan과 Egan(1995)이 제안했듯이, 그 강조되는 이야기들은 거기서 관련된 사람들과 함께 협력하면서 연구자들의 눈을 통해 본 사건의 복잡성과 인간 중심성의 본성에 대한 좋은 예가 되는 것들이다.

🖊 요약

Connelly와 Clandinin(1990)은 교육학적 연구에서 행해지는 내러티브는 새로운 이론-실제 관계에 대한 안건(agenda)을 발생시킨다고 제안한다. 이것들은 두 안건에 의해 이루어진다. 첫 번째는 시간과 경험이 연구에서 적절히 활용되도록(work way through) 하는 것이다. 두 번째는 참가자와 연구자의 이야기를 모두 통합하는 이야기하기의 융합적 본성이다. 이 두 가지는 모두 이 책에서 사용된 방법론에 꼭 필요하다.

내러티브가 필수적으로 일시적인 만큼, 시간과 경험은 중요하다. 이야기를 말하고 듣고, 신뢰할 수 있는 상황을 만듦으로써 그들의 방식으로 시간과 경험을 연구에 활용하게 되고, 결국 학습자의 경험과 이해를 반영하는 내러티브를 가능케 하는 이야기들이 만들어진다. 이러한 접근들은 위태롭기 때문에 얌전해야 한다. Eisner(1988)는 더 전통적인 경험주의 접근들의 '특공대 급습 행동'과 연구 환경에서의 협력을 대조하면서 이 접근의 차이를 설명한다.

연구자의 이야기를 무시하면서 단지 참가자의 이야기만을 듣고, 기록하고, 촉진하는 것은 모두 불가능하고 만족스럽지 않다. Connelly와 Clandinin(1990)은 연구자들이 그들의 이야기를 말하는 것 역시 필요하다고 지적한다. 연구자의 이야기를 통하여 참가자의 이야기는 연구자의 것과 겹치고 본질적으로 통합적인 새로운 이야기를 형성한다. 이것은 연구에서 쓰이는 통합적인 자료가 되며 미래의 연구를 위해 새로운 가능성을 열게 된다.

6장
타당도와 신뢰도 되짚어 보기

 서론

보다 전통적이고 광범위하게 받아들여지는 질적 연구와 양적 연구에 적용되는 기준으로 내러티브 연구와 관련된 문헌을 똑같이 판단해서는 안 된다는 의견에 모두 동의한다(Polkinghorne, 1993; Reissman, 2003; Huberman, 1995; Amsterdam & Bruner, 2000; Geelan, 2003). 전통적인 연구 방식은 과학적 방법, 사실, 절차에 기초를 두는 경향이 있다. 이 책의 다른 장에서 정의했듯이, 내러티브 탐구와 스토리텔링 연구 방식은 복잡하고 인간 중심적인 사건들에 대한 개인적인 세계관을 설명하고 조사하는 것을 목적으로 한다. 이러한 연구는 일반화되고 반복되는 사건들로 규정하기보다 개별적인 진리에 관심을 기울인다. 우리는 내러티브 연구를 평가하고 비교할 때 사용됐던 측정을 재정의해야 하는 독창적이고 전체론적인 연구 방법으로 보고 있다. 그래서 아주 최소한도로, 내러티브 연구에서는 전통적인 연구에서 흔히 사용되는 타당도와 신뢰도의 개념을 다시 생각해 보고 재정의할 필요가 있다.

　정확하게 말하자면, 흔히 내러티브 연구에서 신뢰도는 전형적으로 자료의 믿음성을 뜻하고 타당성은 주로 자료 분석의 강도와 자료의 믿음직한 정도 그리고 자료로의 접근성을 의미한다(Polkinghorne, 1988). Reissman(1993)이 지적했듯이, (경험적인 모델로부터) 신뢰도를 구축하기 위한 검증과 절차와 관련된 개념들은 내러티브 연구에서는 대부분 해당되지 않는 측정 가능하고 객관적인 가정들에 기대고 있다. 개인적인 내러티브는 무슨 일이 있어났는지에 대한 정확한 기록으로 읽히기 위한 것이 아니며, '바깥'세상이 거울에 비추어진 것이 아니다. 물론 이러한 관점은 전통적인 양적 연구와 질적 연구 방식의 기준에 정확히 들어맞지 않으면 곤란해하는 연구자들에게는 당혹스러울 수 있다.

　우리는 Polkinghorne(1988)과 Huberman(1995)이 자신들의 연구에 스토리텔링 방식을 고려하는 연구자들에게 좀 더 유용한 통찰을 제공해 준다고 생각한다. Polkinghorne(1988)은 내러티브의 타당도가 좀 더 정확하게 말해 결과보다는 의미 있는 분석과 관련이 있다고 주장한다. 그는 또한 신뢰도란 측정이 얼마나 안전한가가 아니라 기록과 전사가 얼마나 믿을 만한가를 의미한다는 입장을 견지한다. Polkinghorne에 따르면, 내러티브를 이용하는 데 있어서는 측정 방향을 조정할 필요가 있다. 이처럼 내러티브 연구에 있어서는 이전의 전통적인 접근의 기준들을 적용하는 것이 적합하지 않다. 차라리 접근방법, 정직성, 진실성, 진정성, 친숙함, 전이성, 경제성과 같은 새로운 측정 기준들을 찾아야만 할 것이다(Huberman, 1995).

　이러한 관점은 연구의 타당도와 신뢰도에 관한 객관적인 정의들과의 이별을 의미한다. 대신에 개인들이 한 이야기들이 얼마나 확실하고 믿을 만하게 기록되었는지가 타당도와 신뢰도를 가늠하는 초석이 된다. 따라서 내러티브 연구자들은 자료를 분석하고 점검하거나 읽어 내는 과정에서 이해되고 사용될 방식들로 자료를 수집하고 기록하며 이에 접근해야 할 필요가 있다. 타당도와 신뢰도를 결정짓던 전통적인 관점과 작별하고 내러티브 접근법을 사용하고자 하는 연구자들은 어떻게 타당도와 신뢰도를 다뤄야 할 것인지 구체적으로 고민하여야 할 것이다. 이 장의 나머지는 그러한 작업이 어떻게 이루어져야 할지에 대한 기준의 틀을 마련하기 위한 시도이다.

 ## 타당도와 신뢰도에 관한 기존 방식

타당도

타당도라는 개념은 과학 분야에서는 확실성을 산출하기 위한 목표를 달성하고자 하는 도구의 시험이나 측정을 지칭하는 것으로 대부분 의미가 좁혀져 왔다. 통계 결과들은 종종 연구방법이 연구하고자 하는 주제에 적합한지의 여부를 고려하지 않은 상태에서 결과가 중요하다는 식으로 해석되는 경우가 있다. 내러티브 연구에서 그 결과가 중요하다고 볼 때 결과는 의미가 있다(Polkinghorne, 1988). 내러티브 연구는 확실한 결론들을 산출하지 않는다. 내러티브에 바탕을 둔 연구에서 타당도는 수집된 자료들이 얼마나 연구에 근거를 제공하고 뒷받침하는가에 관심을 둔다. 여기에서는 일반화 가능한 진

리들, 즉 사실이 이러할 것이라거나 이러해야 한다고 '규정하는' 진
리들을 산출하는 결과들을 제공하지 않는다.

내러티브 연구는 인간 경험의 언어적 실체에 대한 강조를 유지함
으로써 형식적인 체계들이나 그것의 독특하고 엄격한 형식에 제한
을 받지 않는다. 내러티브 연구에서는 결과들이 실제로 일어난 일과
정확하게 부합한다고 주장할 수 없다. 그런 의미에서 만약 '진리'가
현실과 정확히 부합하는 무엇이라고 한다면, 우리는 내러티브 연구
의 결과들이 '진리'라고 주장할 수 없다. Karl Popper가 지적했듯이,
우리는 진술들의 '진리'를 제시할 수 없고 다만 진술들의 사실 위배
여부만 제시할 수 있을 뿐이다(Polkinghorne, 1988).

(경험적인 모델에서 유래하는) 타당도를 확립하기 위한 절차와 검
증의 일반적인 개념들은 실제적인 가정들과 관련이 있고, 그 결과로
대부분의 경우 내러티브 연구에는 해당되지 않는다. 개인의 내러티
브는 일어난 일의 정확한 기록으로 읽히기 위한 것이 아니고 '바깥'
세상의 거울도 아니다. 우리가 자료를 읽는 방식은 그 자체로 특정
한 담론 가운데 위치해 있다(Reissman, 1993). 내러티브는 세상 "'바
깥'에 있는 어떤 것을 재현하거나 '바깥'세상의 일이 어떻게 돌아가
야 한다는 논리적으로 합리적인 개념을 표현하는 것"을 목표로 하지
않는다(Amsterdam & Bruner, 2000, pp. 13-14).

질적 연구에 공통적으로 적용되는 접근법들은 내러티브 탐구에
맞지 않을 수도 있다. 예를 들어, 삼각측정법은 질적 연구자들이 연
구의 타당도를 충족시키기 위해 사용하는 도구이다. 이는 질적 연구
에서 타당도를 주장하기 위해 흔히 하는 방식이며, 여기에는 자료
수집원을 다양하게 한다든가 같은 결과에 이르는 여러 결과를 뽑아

내는 것이 포함된다. 하지만 이 접근법이 반드시 스토리텔링 방식에 바탕을 둔 연구에 적용되지는 않는다. 사실상, 이야기하기 방식 면에서 보면, 삼각측정법은 거의 성취하기 어려우며, 주요 사건, 유사한 사건, 그리고 다른 사건과 관련된 틀이 더 적절하다는 것이 우리의 관점이다(5장을 보라). 연구에 있어 이야기하기 방식은 그것을 둘러싸거나 포함한 사건들에 대한 개인적인 이해에 관한 감수성과 연구 맥락에의 적합성과 적용가능성을 문제 삼지 않는 다른 연구방법들의 패러다임에서 발견한 방법을 적용할 수 없다.

Silverman(2000)은 질적 방법 연구자들이 삼각측정법을 자신들과 독자들을 설득하고자 하는 수단으로 사용한다고 본다.

> 여러 맥락에서 가져온 자료들을 중복적으로 살펴봄으로써 우리는 다양한 자료가 어느 지점에서 교차하는지를 점검하여 일어난 사건들의 진정한 상태를 삼각측정할 수 있다. 몇몇 질적 방법 연구자는 이런 방법으로 삼각측정법이 단일한 방법의 신뢰성을 높일 수 있다고 믿는다(p. 121).

일어난 일의 '진짜' 상태를 '정확하게 짚어 내는' 삼각측정법을 고안해 낼 수 있는 여러 방법을 사용하는 것이 타당도 문제를 해결하는 유일한 접근법이다. Cohen과 동료들(2000)은 삼각측정 기법을 일컬어 "한 가지 관점 이상으로 연구함으로써 인간 행위의 풍성함과 복잡함을 그려 내거나 좀 더 완전하게 설명하려는 시도"라고 한다(p. 112).

그 결과들이 연구 기술이나 연구자들에 의해 '구성되거나' 영향을 받을 가능성이 적다는 이유로 다중적으로 확인할 수 있는 자료의 출처가 타당도의 수준을 유지하듯이 처음에는 이런 시도들이 타당하게 보인다. 하지만 누군가가 '진짜' 그림이 맥락과 관련되어야 한다고 주장한다면, 그것이 곧 동일한 일련의 상호작용이 여러 다른 상황에서 여러 다른 의미를 가질 수 있다는 말이 되므로, 다양한 맥락에서 수집한 자료를 가지고 전반적인 현상을 이해하기에는 근본적인 어려움이 있다. 다중적인 자료들을 다루는 데 있어 실제적인 문제는 삼각측정법을 시도할 때에 시작된다. 예를 들어, 다양한 기술이 서로 호응하지 않는 결과들을 산출해 낸다면 어떤 일이 벌어질까? 연구자는 한 묶음을 버릴 수밖에 없거나 자신의 분석에 동의하도록 '강요'될 수도 있다.

많은 저자가 삼각측정법의 장점에 대해 유보하는 입장을 표명해 왔다.

예를 들어, Silverman(2000)은 "차라리 샅샅이 조사할 수 있는 특정 현상들에 만족하고 당신의 자료가 편향되어 있음을 즐기는 것이 훨씬 낫다."라고 지적한다(p. 112). Flick(1998)은 삼각측정법이란 "타당성 검증을 위한 도구나 전략이 아닌 그 대안"이라고 한다(p. 230). Richardson(2001)은 보는 사람의 위치에 따라 다르게 나타나는 수정에 빗대어 한 발짝 더 나아가 삼각측정법의 개념에 대해 논쟁한다.

삼각측정법을 사용함으로써 연구자들은 어떤 의미에서 하나의 궁극적인 진리를 찾는다고 할 수 있다. 하지만 Lather(1993)를 포함해서 많은 학자가 다음과 같이 지적했듯이 '단일한' 진리는 없고 진리의 다중성만 있을 뿐이다.

진리는 다중적이며, 편향적이고, 끊임없이 지연되는 타당성
으로서, 표준에 상응하는 타당성(validity of correspondence)에
반하는 위반의 타당성(validity of transgression)을 위한 발전의
장을 구성한다. 이러한 비준거적인 타당성은 담론이 어떻게 작
동하는가, 위반이 학계의 가장자리 어디에서 한계를 지닌 게임
으로 정의되는가에 관심을 기울인다(p. 675).

이 논쟁에서 가장 중요한 점은 아마도 다중적인 해석이 유효하다
는 것과 연구의 타당성에 대한 진짜 검증은 궁극적으로 그것을 읽는
독자가 하여 독자들이야말로 연구가 '믿을 만한지(believable)'를 결
정하는 사람들이 되어야 한다는 것이다.

몇몇 학자는 질적 연구(특히 비구조화된 내러티브 면담)가 양적 접
근보다 오히려 높은 수준의 타당도를 나타나는 경향이 있는 반
면, 신뢰도에 있어서는 낮은 편이라고 주장한다(Mishler, 1990 등).
Ganzevoort(2005)는 이 역시 자료 수집의 질에 달려 있다는 입장을
취한다. 더 나아가 Ganzevoort는 내러티브 연구에서는 신뢰도, 다
시 말해 되풀이할수록 유사한 결과들을 산출할 가능성은 획득하기
가 쉽지 않을 수 있다고 지적한다. 그러나 Huberman(1995)은 질적
연구자가 다른 연구자들이 같은 결과를 찾아낼 수 있도록 엄밀한 방
식의 독해와 해석 방법을 제시한다면, 접근성과 정직성의 견지에서
신뢰도를 획득할 수 있다고 주장한다.

신뢰도

양적 연구에서 신뢰도는 측정 도구의 일관성과 안정성을 의미한다. 내러티브 연구에서 신뢰도는 흔히 자료의 독립성을 지칭한다. 여기서 신뢰도는 측정의 안정성으로 획득하는 것이 아니라 차라리 기록이나 전사의 '신뢰가능성(trustworthiness)'에서 얻는다 (Polkinghorne, 1988).

다른 대상들에게 적용했을 때에도 유사하거나 같은 결과를 얻을 수 있는 도구의 능력은 경험적인/과학적인 연구 모델의 가치 있는 결과물이다. 하지만 내러티브에서는 어떤 내러티브의 결과가 다른 이야기 수집의 그것과 유사한 관점이나 결과를 보이기를 기대할 수도 가정할 수도 없다. 내러티브 연구가 인간 개인의 실제 경험과 주요 사건이 우리 이해에 끼치는 영향에 초점을 두는 만큼, 개인들 간의 차이를 기대하게 되고 또 중요시한다. 이 점이 우리가 보는 가장 근본적인 차이점이다. 경험적인 관점에서 보는 신뢰도는 대상들에 두루 적용할 수 있는 결과에 관심을 두지만, 내러티브에서 신뢰도는 개인들의 경험과 관련이 있다. 통계적인 측정 결과를 보고하는 대신, 내러티브는 인간이 경험한 사건들을 보고한다. 여기서 신뢰도는 통계적으로 측정되는 것이 아니라 자료의 정확성이나 접근가능성에 의해 측정되는 것이기 때문에 어떤 독자든지 적절한 텍스트와 전사를 얻을 수 있다.

더불어 자료의 설득력과 일관성 등과 같이 내러티브와 밀접하게 관련되어 있는 신뢰도에는 여러 가지 측면이 있다. Reissman(1993)이 제안하듯이, 이론적 주장이 제보자의 설명에서의 근거로 뒷받침

되고 자료에 대한 대안적인 해석들이 고려될 경우에 설득력이 극대
화된다. Agar와 Hobbs(1982)는 전체적 · 지협적 · 주제적의 세 종류
의 내러티브 일관성을 제안한다. 그들이 지적하기로, 내러티브에서
일관성은 반드시 될 수 있는 한 '두터워야(thick)'하고 이 세 가지
수준과 이상적으로 고루 연관되어 있어야 한다. 조사자들은 반드시
화자들의 신념과 목표(전체적 일관성)에 관한 초기 가설들을 특정한
내러티브 구성(지협적 일관성)과 텍스트를 통일시키며 등장하는 주제
들(주제적 일관성)의 구조에 비추어 끊임없이 변형시켜야 한다.

 ## 타당도와 신뢰도 다시 보기

타당도와 신뢰도 다시 보기는 이 장의 핵심으로 Polkinghorne,
Clandinin과 Connelly, Huberman 그리고 다른 학자들이 제안한
개념들에 근거한다. 우리는 이러한 개념들이 좀 더 내러티브 지향적
인 타당도와 신뢰도의 틀을 구성하고자 할 때 가장 유용한 개념들이
라는 것을 발견했다.

Polkinghorne(1988)에 따르면, 내러티브를 이용하는 데 있어
서는 도구들을 재조정할 필요가 있다. 전통적인 타당도와 신뢰도
의 기준들을 내러티브에 적용하는 것은 만족스럽지가 못하다. 오
히려 접근방법(access), 정직성(honesty), 진실성(verisimilitude), 진
정성(authenticity), 친숙함(familiarity), 전이성(transferability), 경
제성(economy)과 같은 새로운 도구들을 찾는 것이 유익해 보인다
(Huberman, 1995).

접근방법

접근방법은 두 가지 면에서 볼 수 있다. 첫 번째로, 연구를 읽는 사람들이 참여자들 및 그들의 문화적 맥락, 그리고 연구자와 연구 참여자 사이에서 지식이 구성되는 과정에 접근하는 방식이다. 두 번째 접근방법은 동일한 관객 대상들이 연구자가 발견해 낸 것들의 바탕이 된 연구 기록과 전사 자료들을 활용하고 재현해 보는 방식이다 (이 장 후반부에 나오는 자료 코딩 부분을 보라).

■ 맥락, 과정, 지식의 구성으로의 접근

내러티브 연구에 영향을 끼치는 형성과정과 틀을 고려할 때, 우리는 Connelly와 Clandinin이 제안한 모델을 참고하는데, 이 모델은 협상, 구조(시간, 공간, 사건), 도구, 결론, 위험의 과정으로 요약해 볼 수 있다. 7장에서 이 모델에 대해 더 자세히 살펴볼 것이다.

이러한 범주들 중에 일부는 흔히 일반적인 연구 용어로 쓰이기도 하지만, 내러티브의 맥락에서는 다르게 정의된다. 과정들은 연구의 현장과 맥락을 확정함으로써 시발점을 제공한다. 협상은 연구자와 연구가 확정된 상태에서의 연구와 등장인물, 맥락 간의 의사소통 경로를 의미한다. 구조란 시간, 장소, 사건을 이해하는 수단을 제공한다. 도구들은 복잡성과 인간 중심화의 여러 양상을 문서화하도록 해 준다. 예를 들어, 내러티브 연구에서 대학 연구자(혹은 연구 팀)가 연구 환경으로 들어가기 위한 협상은 인간을 대상으로 한 연구(그에 상응하는 연구)에 대해 대학의 윤리위원회와 연구가 이루어질 기관, 혹은 개인 연구 참여자로부터 허락을 받는 것과 같은 일에서 시작된

다. 연구에서 이러한 협상의 다른 면이라고 하면 정보와 자료, 문서
와 설비로의 접근이 용이하도록 연구 배경에서 다른 사람들과 효율
적인 관계를 발전시키는 것도 포함할 수 있다.

　협상의 한 부분으로서 연구자와 연구 참여자들의 권리와 책임이
고려되어야 할 필요가 있다. 연구에 있어 윤리적 측면에서의 협상은
대학이나 연구 기관이 형식적으로 연구 확인을 받는 것에만 국한되
는 것이 아니라, 연구를 수행하는 절차에 반영되는 것이 아마도 더
중요하다.

　구조(시간, 장소, 사건)의 요소들은 전형적으로 문학 분석(시간, 장
면, 플롯으로 불림)에 적용되는 틀을 형성하지만 내러티브 연구에도
적용된다. 시간, 장소, 사건은 연구 이야기에 있어 복잡한 문제들이
드러나는 과정들을 볼 수 있는 구조를 제공한다. 이러한 틀은 내러
티브 연구의 경험적 질을 높이는 데 도움을 준다.

　시간은 사건을 설명하는 데 있어 핵심적이다. 기본적인 설명을
해 주는 사건이나 줄거리 구조는 시작과 중간, 끝을 담고 있으며, 여
러 가지 다양한 방법으로 과거와 현재, 미래와 연결된다(Connelly &
Clandinin, 1990). 이때 자료 출처는 이러한 시간적인 범주들 각각에
속해 있다. Carr(1986)는 시간 관련 구조를 인간 경험의 국면과 연결
시키는데, 의미와 의도, 가치가 여기에 포함된다. 시간 관련 구조가
어떻게 도형으로 제시될 수 있는가의 예가 [그림 6-1]이다.

　장소(장면)는 연구의 배경을 묘사해 주는 부분으로서 장면(건물이
나 방의 형태, 혹은 장치)의 묘사와 도형을 모두 포함할 수 있다. 장면
의 기능이 많은 지지와 하부구조에 의존하고 있을 경우, '장면 뒤'에
관해 언급할 필요가 있을 수 있다. 하지만 과정을 이해하기 전에 우

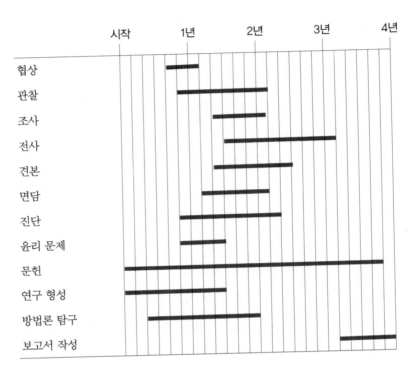

[그림 6-1] 구조의 시간 관련 요소

선 장면이 확정되어야 할 필요가 있어 보인다. 모든 연구 보고는 독
자들에게 내러티브가 발생한 장소에 대한 설명이나 묘사를 제공해야
한다. Welty(1979)는 시간과 장소를 내러티브에 있어 가장 핵심적이
며 "지나간 소문처럼 제공되어야 하는" 것으로 설명한다(p. 163).

사건(줄거리)의 전개는 수집된 자료와 연구 수행의 과정과 관련되
어 묘사된다. 사건의 다른 측면들은 연구의 맥락, 문헌, 연구 질문 그
리고 이 모든 것 간의 상호관계를 묘사할 수 있다.

내러티브 연구는 관찰, 조사, 문서화(편지, 교육과정, 원칙 포함), 면
담, 전사와 같은 도구와 자료 수집 기술의 혼합을 요구한다. 어떤 경

우에는 연구의 발견을 보완하고, 예를 들어 어떤 견본 자료나 자원
들을 포함하는 추가의 도구가 사용될 수도 있다. 도구와 수집 기술,
스케줄에 대한 논의는 자료 분석의 틀을 제공해 준다. 이러한 논의
가 수집된 자료들을 기록하는 데 있어 논리를 세워 주고, 독자들이
수집된 자료의 특정 부분을 어떻게 추적할 것인가를 이해하는 데에
도움을 준다.

내러티브 연구방법론에 온전성을 확립하는 과정에서 보면, 내러
티브 연구의 유익은 관련된 위험요소를 고려하지 않고는 논할 수 없
다. Connelly와 Clandinin에 따르면 상호주관성(intersubjectivity),
유연화(smoothing) 그리고 그 밖의 제약들은 위험 요소이고 잠재적
인 남용이다. 상호주관성은 쉽게 빠져들어 전체 내러티브 줄거리에
전념하는 과정이며, 그 속의 연구자의 역할, 그리고 이러한 접근방법
이 내포하는 다양한 세밀한 점들을 간과하는 것이다(이 위험성은 주
요 사건, 유사한 사건 혹은 다른 사건 같은 기술의 사용을 통해 최소화될 수
있다). 유연화는 자료가 나타내는 것과 관계없이 긍정적인 결과를 불
러오는 경향을 말한다. 다른 제한점들은 문화적 제약이 있는 경우나
연구자가 개입된 논쟁의 민감성, 스케줄과 연구의 운용적 맥락과 관
련하여 발생한다.

비록 위에서 언급한 모든 것이 제약과 제한점들로 지적된다 하더
라도, 내러티브 연구방법론에서는 이 모두가 동시에 이야기에 필수
적이라는 점을 알아 두어야 한다. 반면, 전통적인 연구 관점에서 보
면 제약일 수도 있는 것들이 내러티브 맥락에서는 단순히 한 장면,
줄거리, 등장인물들의 구성에 대한 좀 더 자세한 특성일 수도 있다.

■ 자료로의 접근

(앞 장에서 언급한 것처럼) 주요 사건 내러티브 연구 유형을 선택했을 때는 독자들이 자료를 쉽게 추적할 수 있도록 조사 자료에 접근할 수 있는 방법을 제공하는 것이 중요하다. 사건들의 구조 이용에 기초하여, 우리는 접근이 용이하도록 하고 연구자의 분석을 심화시킬 수 있도록 자료를 코딩하는 방법을 발견하게 되었다. 우리의 이러한 단순한 접근법은 연구자가 수집한 내러티브들의 전사를 포함하는 수많은 권수를 이용한다. 각각의 사건들이 기록되고 전사되면, 각각의 사건과 그 속의 일화는 고유한 식별표(identifier)를 갖게 된다. 수집된 자료 중 일화들을 담고 있는 각 권의 경우, 사건과 일화에는 식별할 수 있는 표를 달고, 자료(보통 전사된 형태)에는 쪽수와 행수를 매긴다. 코딩 체계에서 가장 핵심적인 요구사항은 어떤 수준에서든 그 근원이 어디인지 알 수 있도록 자료 추적이 가능해야 한다는 것이다.

예를 들어, '학생 경험'이라고 불리는 사건은 '학·경'이라고 표를 달고, '1년 단위와 주제'는 '연·단·주'라고 이름을 붙일 수 있다. 그리고 학생이 경험한 이야기를 전사한 내용을 코드화된 이름과 날짜로 식별할 때는 '코·이·날'이라고 할 수 있다. 참조 체계를 세우는 데 있어 연구 보고 내에 있는 이름들을 인용함으로써 어떤 독자든지 묘사된 사건의 자료 기록을 찾아볼 수 있도록 하는 것이다. 위에서 예로 든 것처럼, 인용구는 학·경:연·단·주/코·이·날(쪽수/행수) 방식이 될 수 있다. 예를 들면, 이 체계는 다음과 같다.

30 '이것은 우리 자체 조사에 사용된 코딩 체계의 예이다.'

예 1: 2006/CourseX/Pat: 9/30

또 다른 예는 특정 페이지에 대한 정보를 주는 특정 행으로 안내하는 심화 수준의 웹사이트 URL로 다음과 같다.

www.university.edu/medicine/units/pdmp/med234/
module1/time.html#s3

정직성, 진실성, 진정성

■ 정직성

Guba와 Lincoln(1981)은 그들이 자연적 연구라고 부르는, 연구 '도구'로서의 인간 탐구에서 내러티브 연구의 믿음직성을 지지해 주는 다음과 같은 특성들을 조명해 준다.

① 반응성: '도구'로서의 인간은 모든 개인적이고 환경적인 신호를 감지하고 그에 반응할 수 있다. 이러한 반응성 덕분에 인간은 상황과 상호작용할 수 있고, 상황의 여러 국면을 감지할 수 있으며 그것들을 명시할 수 있다.

② 적응성: 인간은 (불완전하기는 하나) 잠정적으로 무한한 적응성을 가지고 있다. 인간은 다중적인 수준에서 다중적인 요인들에 대한 정보들을 동시에 수집할 수 있다.

③ 전인적 강조: 오로지 인간만이 현상의 복잡성과 그 전체 상황

을 포착할 능력이 있다.

④ 지식 기반 확장: 인간은 지식의 명시적(propositional) 영역과 암묵적 영역에서 동시에 기능할 수 있다. 암묵적이고 설명되지 않은, 잠재의식적인 영역을 명시적 영역으로 확장함으로써 사회적이고 조직적인 배경들을 깊이 있고 풍부하게 이해할 수 있도록 해 준다.

⑤ 절차적 즉각성: 인간은 자료가 마련되는 즉시 자료를 처리하며 그 지점에서 가설을 만들 수 있다.

⑥ 명료화와 요약 가능: 인간은 즉석에서 자료를 요약할 수 있고 명료화와 정정을 위해 상대방에게 다시 제공할 수 있다.

⑦ 비전형적이고 특유한 답변의 탐구 가능: 인간은 타당성을 증명하기 위한 목적에서뿐만 아니라 보다 높은 수준의 이해를 도모하기 위해 답변들을 탐색한다.

인간이라는 도구의 믿음직성은 '지필 도구'의 믿음직성과 마찬가지로 접근 가능하다. 인간 도구는 여타 연구 도구와 마찬가지로 정교화할 수 있다. 인간은 일반적으로 표준화된 검사만큼의 믿음직한 수준에 접근할 수 없다고 생각할 이유가 없다. 뿐만 아니라 사례 보고의 모든 사실과 해석은 전에 정보를 제공했던 응답자들이 검사할 수 있어야만 한다. 그러므로 믿음직성의 기준이 적합하게 만족되려면 협상이 핵심적이다(Guba & Lincoln, 1981).

Guba와 Lincoln(1981)이 또 추천하는 내용은 연구의 믿음직성을 평가하기 위한 체크리스트로 일련의 질문을 사용하라는 것이다. 그들이 제시한 질문들을 활용하여, 우리는 다음과 같은 질문들을 던질 수 있다.

- 진리 가치: 발견한 내용이 '진리'라는 것을 어떻게 확신할 수 있는가?
- 적용가능성: 연구에서 발견한 내용들을 다른 곳에 적용할 수 있는 범위는 어떻게 정하는가?
- 일관성: 어떤 유형들이 나타나고 있는가?
- 중립성: 연구 조건들이 연구자의 편견, 동기, 흥미에 영향을 받고 있지는 않은가?

Lincoln과 Guba(1985)는 다음과 같이 명시함으로써 질적 연구에서의 믿음직성 문제를 정리한다.

'진리 가치'를 보여 주기 위해 연구자는 다중적인 구성들을 적절하게 재현했는지 보여 주어야 한다. 즉, 연구를 통해 결론 내린 것으로서 본래의 다중적인 현실을 구성한 사람들에게도 믿을 만한 것이어야 한다(Lincoln & Guba, 1985, p. 296).

따라서 내러티브 연구의 믿음직성은 보고된 이야기를 연구 참여자가 확인하는 데에 달려 있다.

■ 진실성과 진리성

내러티브 연구자가 연구에서 도움받을 만한 진실성(verisimilitude)에는 세 가지 측면이 있다. 첫째로, 연구와 이야기와 주요 사건들의 보고는 연구자의 경험과 공명해야 한다. 둘째로, 보고는 개연성을 지니고 있어야 한다. 셋째로, 주요 사건 접근을 사용할 때 설명과 결과 보고의 진리성은 그와 유사한 사건이나 다른 사건들을 통해 확인되어야 한다.

독자의 경험이 연구자의 경험에 공명하는 것은 내러티브 연구에서 의미심장한 측면이다. 이야기가 독자에게 자신이 경험한 어떤 것을 떠오르게 하거나 새로운 창을 열어 준다는 면에서 그 이야기는 진리인 것처럼 보인다. 때로는 독자가 이야기를 읽고 새롭게 이해할 수도 있는데, 이때 경험에 대한 새로운 이해를 얻게 된다.

개연성은 보고된 것이 사실상 현실적이고, 예를 들어 '할리우드 효과'나 내러티브 연구와 관련한 다른 위험들(2장에서 설명한 내용)과 제약들에는 해당되지 않는 것을 뜻한다.

주요 사건 모델을 사용하는 데 있어 유사한 사건이나 다른 사건들의 동일시(identification)는 진실성의 주장을 확보하도록 돕는다. 성격상 유사한 사건들은 유사한 경험으로 기록하고 주요 사건의 근원을 확인해 주는 역할을 한다. 유사한 사건과 다른 사건들을 이용하는 것에 대해서는 이전 장에서 자세히 밝힌 바 있다.

결론적으로, Bruner는 진실성에 대해 다음과 같은 통찰력 있는 발언을 한 바 있다.

허위를 제거할 수 있는 논리적이고 과학적인 절차들로 인해 생긴 구성과 달리, 내러티브 구성은 오로지 '진실성'만을 획득할 수 있다. 이때 내러티브들은 현실의 한 버전으로서, 비록 역설적으로 우리가 이야기들을 진리 혹은 거짓이라고 부르는 데

아무런 주저함이 없다 하더라도, 그 경험적 검증과 논리적 요
구보다는 규약과 '내러티브 필수 요건'에 의해 그 수용가능성
이 결정된다(Bruner, 1991, pp. 4-5).

내러티브 연구를 평가하는 데 사용되는 또 다른 개념은 진정성
(authenticity)으로, 이는 진실성이라는 개념과 서로 얽혀 있다. 아마
도 진정성은 연구자가 독자들에게 이야기가 진지하고 정직한 방식
으로 이루어졌음을 확신시키기 위해 충분한 정보를 제공할 때 가장
강력하게 획득된다. 이야기에 대한 진정성이라는 감각은 일례로 충
분한 내러티브 일관성을 통해 얻어진다고 하겠다.

Woods(1993b)는 교사들이 하는 일의 진정성에 공헌하는 데 있어
몇몇 주요 인물(예: 특정 학습 분야의 전문가)의 역할을 밝힌다. 그의
주장에 따르면, 이러한 중요 인물들은 그 자신의 지식과 학습자 자
신의 지식의 온전성(integrity)에 기여함으로써 교사가 하는 일에 진
정성을 제공한다. Woods에 따르면, 여기서 온전성이란 '공간, 시간,
인물이라는 총체 속에서 정보와 의사소통 기술을 제공·강화함으로
써, 또한 특정 원칙 내에서 교사들과 제자들의 작업을 유효하게 함
으로써' 격려받고 반영된다(Woods, 1993b, p. 368).

친숙함

Amsterdam과 Bruner(2000)는 친숙함을 '무디어짐(dulling)'이
라고 일컫는데, 이는 "우리가 사물들에 대해 생각하는 방식이 일상화
될 때, 그것들이 우리의 의식으로부터 사라지고 우리가 일정한 방식

으로 생각하고 있는 것이라든가 왜 그렇게 하고 있는지에 대해 더 이상 알고자 하지 않는 것"이라고 한다(p. 1). 그들은 나아가 "친숙함은 익숙하게 생각하는 방식들을 그것들을 무감각하고 필요 없고 쓸데없는 것으로 만드는 정밀검사로부터 분리시킨다."라고 주장한다(p. 2). 그들은 "익숙한 것을 다시 낯설게 하기 위해 상호 거리를 두어, 당연시하는 것을 막고 다시 인식하게 하는 것"의 중요성을 지적한다(p. 1). Bruner는 '익숙한 것을 다시 낯설게 하기'라는 개념을 러시아 형식주의자로부터 빌려와, 2002년 자신의 저서 『이야기 만들기: 법, 문학, 삶(Making Stories: Law, Literature, Life)』에서 언급한다.

친숙함의 파장과 영향을 인식하는 것 외에도, 사물들이 항상 같은 상태로 머무르지 않는다는 것을 깨닫는 것이 중요하다. 친숙함/친숙하지 않음의 이러한 측면은 이야기에 있어 상당히 중요한 역할을 하는데, Bruner(2002)는 다음과 같이 제안한다.

> 이야기가 있기 위해서는 예측할 수 없는 어떤 일이 반드시 일어나야 한다. 이야기는 우리가 규범(the canonical)이라고 여기는 개념에 대해 도전하는 어떤 것이라도 엄청나게 민감하다. 이는 문제들을 찾는 것뿐 아니라 해결하는 데 있어서도 도구가 된다. …… 우리는 지시하기보다는 미리 경고하기 위해 이야기를 하는 경우가 많다(p. 12).

이러한 측면에서 보면 주요 사건들 자체가 미리 '예견하지 못한' 것을 포착하고 그 자체로 '익숙한 것을 낯설게 하는' 어떤 관점을 제공할 만한 능력이 있다고 주장될 수 있다. 우리가 정립되고 특징지

어진 어떤 분야뿐 아니라 생각하는 방식, '삶의 방식'으로서의 특정
한 전문적 수행을 볼 수 있기 때문에 이 사실을 실제 연구 수행에 반
영해 보는 것은 더 나아가 의미가 있다(Amsterdam & Bruner, 2000,
p. 282).

　Bruner(2002)는 친숙함이라는 개념을 통해 내러티브를 바라보는
두 가지 동기를 발견한다.

> 하나의 동기는 그것을 통제하거나 그것의 효과를 무효화하
> 는 것이다. 법을 예로 들면, 전통에 따라 원고와 피고의 진술이
> 주어진 형식 범위 내에서 절차에 따라 이루어진다. 혹은 정신의
> 학에서 환자들이 낫기 위해 적절한 이야기들을 이야기해야만
> 하는 것과 유사하다. 내러티브를 공부하는 다른 하나의 동기는
> 현실감(illusions of reality)을 증진시켜서 일상생활에 있는 자명
> 한 선언들을 '주관화시키는 것'으로 이해하는 것이다(p. 11).

전이성

　Lincoln과 Guba(1985)는 전이성(transferability)을 "외적 타당성
에 대한 아날로그"라고 칭한다. 따라서 내러티브 연구에서 전이성이
란 유사성을 비교해 볼 만한 다른 배경에 대해 적용할 것을 고려해
보도록 연구자가 충분한 바탕을 제공하는 것을 암시한다.
　이 책에서 제안한 주요 사건 내러티브 연구에 있어 전이성이란 우
선적으로 주요 사건과 유사한 사건 및 다른 사건에 의해 제공된다.
우리가 보기에 내러티브 맥락에서 묘사된 주요 사건과 유사한 사건

및 다른 사건은 독자들이 다른 배경에도 적용할 수 있을 만큼 풍부한 세부사항과 접근가능성을 제공한다[이에 대한 보다 더 자세한 사항들은 Nadler(1982)를 참조].

경제성

경제성은 주요 사건 내러티브 연구의 한 측면으로서 연구자에게 중대한 이익을 가져다준다. 내러티브는 심도가 매우 깊고, 연구는 상당히 많은 양의 자료를 소유하고 있을 것이다. 이러한 많은 양의 자료를 분석하는 기제들은 연구자를 힘들고 어렵게 한다. 수 권에 달하는 수집 자료의 전사물에 효율적이고 경제적으로 접근하는 동시에 자료와 발견의 완전성을 훼손시키지 않는 방식이 필요하다. 내러티브 분석을 보조하는 몇몇 도구는 연구자로 하여금 끝이 어딘지도 모르게 계속해서 자료를 범주화하게끔 만들 수 있다. 반면에, 주요 사건들을 가려내고 이용하는 작업은 전이성의 수단이자 연구의 중요한 문제와 결과들에 대한 지표가 될 수 있다.

윤리적 문제

내러티브 연구에서 타당도와 신뢰도와 관련된 여러 측면과 개념들에 덧붙여지는 것이 윤리적인 문제들인데, 이는 어떠한 자료 분석을 하든지 간에 항상 고려되어야 하는 것이다. 질적 연구의 특성상 전형적으로 관찰과 집단과의 상호작용을 요구하기 때문에 어떤 윤리적인 문제들이 발생하리라고 예상된다. Miles와

Huberman(1994)은 자료 분석에 있어 연구자가 고려해야 할 윤리적 문제들을 목록으로 제시한다. 그들은 연구를 수행하기 전과 수행하는 동안 그리고 그 후에 연구자들이 이러한 문제들과 또 다른 문제들을 유념하라고 주의를 준다. 몇 가지 문제를 제시하면 다음과 같다.

- 연구 동의서(연구 참여자들이 내용에 대해 충분히 알고 있는가?)
- 해로움과 위험(연구 참여자들에게 해를 끼칠 수 있는가?)
- 정직성과 믿음(제시하는 자료에 대해 연구자를 믿을 만한가?)
- 사생활 보호, 비밀 보장, 익명성(연구가 지나치게 집단의 행동에 개입하지는 않는가?)
- 개입과 옹호(연구 참여자들이 만약 해를 끼치고 불법적인 행동을 한다면 연구자는 어떻게 할 것인가?)

 요약

내러티브는 인간 중심 접근을 하는 연구자들에게 호소력 있는 많은 특징을 제공한다. 내러티브 지지자들은 내러티브가 전통적인 접근 방식과 현대적인 접근 방식에서 모두 소홀히 했던 인간의 이해 방식에 대해 통찰력을 준다고 주장한다. 교육 관련 연구자들 사이에는 우리 자신을 이해하고 인간의 복잡성을 이해하는 데 내러티브가 공헌한다는 신념이 있다(McEwan & Egan, 1995). 하지만 연구를 위해 내러티브 방식을 사용하는 데 있어, 연구자는 자신의 연구를 바라보는 방식을 정의할 필요가 있다. 다시 말해, 접근방법, 정직성, 진실성, 진정성, 친숙함, 전이성, 경제성이라는 도구들을 이용하여 전통적인 의미들을 새로운 관점에서 재정의할 필요가 있다.

7장

내러티브 연구의 틀

주요 사건 접근 방식의 내러티브에 대한 개관

이 책은 지금까지 연구자들에게 연구에서 스토리텔링을 사용하여 이해하는 방법을 제시하였다. 우리가 이전에 지적했듯이, 스토리텔링과 보다 더 일반적으로 내러티브 탐구에 관한 문헌들은 분산되어 있다. 이 장에서 우리는 폭넓게 적용 가능한 내러티브 탐구방법론을 제안하고자 한다. 만약 누가 우리에게 이 책을 쓴 가장 핵심적인 이유 한 가지를 묻는다면, 연구에 있어 스토리텔링 방식이나 내러티브 접근에 관심을 둔 연구자들에게 유용한 접근을 소개하고자 함이라고 대답하겠다.

이 책에서 묘사된 접근의 주된 특징은 스토리텔링 접근이 인간 중심 연구에서 매우 중요하고 유용하다는 점이다. 우리는 스토리텔링이 인간 의사소통에서 자연스럽고 일반적인 형식이고 스토리텔링이 개인에게 깊은 영향을 미친다고 주장한다. 게다가 이러한 요소 혹은 사건들은 보다 더 전통적인 방법론들이 드러내지 못하는 인간 행동과 관련된 주제들을 조사하는 수단을 제공한다. 스토리텔링에 포함된 사건들을 연구하기 위하여 우리는 이런 주제를 밝혀내려는 연구자들을 도와주기 위해 주요 사건 접근을 제안한다.

　주요 사건 접근의 핵심에는 주요 사건들을 드러나게 하는 방식들이 있다. 시의적절한 질문을 사용함으로써 연구 참여자들은 그들의 전문적인(그리고 아마도 사적인) 삶 속에서 발생한 사건들, 그리고 현재와 미래의 전문적 실천에 대한 그들의 관점을 변화시킬 수도 있는 사건들에 대하여 자신들이 이해한 바를 재진술한다고 이전 장에서 주장한 바 있다.

　아마도 연구자에게 스토리텔링 연구 접근에 있어 가장 어려운 국면은 내러티브 연구가 진행되는 틀의 개관을 얻고 이해하는 것이다. 이것은 '인간적'이고 따라서 변화무쌍한 것에 틀을 부여하는 어려움과 그것이 다루는 복잡함을 감안할 때 그다지 놀라운 일이 아니다. 그럼에도 불구하고 우리는 현재 연구자가 수용하고 적응하거나 더 발전시킬 수 있는 하나의 개관을 제공하고 있다.

연구자를 위한 틀

　내러티브 연구는 많은 구성 요소를 가지는 방법이기 때문에, 이 책에서 그려진 방법의 시각적인 모형을 제공하는 것이 유용하다([그림 7-1] 참조). 이 틀에서 가장 상위에 있는 두 요소는 이 방법을 관리하고 정당화시킨다. 이는 인간 중심성과 인간 경험의 복잡성이다. 이 방법론은 4개의 구성 요소를 포함한다. 그것은 연구과정, 협상의 발

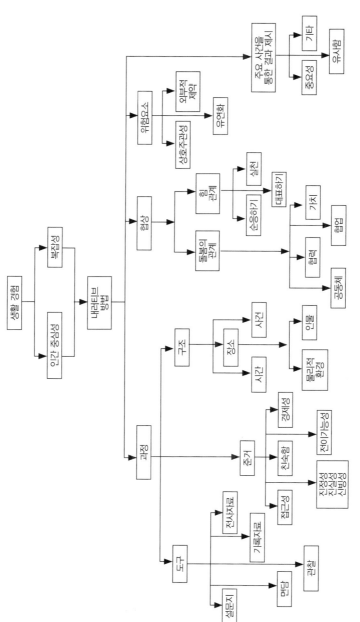

[그림 7-1] 내러티브 탐구 연구방법의 구조

생, 위험요소의 발생, 결과에 대한 준비와 검사이다. 다음에서 차례
로 다룬다.

과정

이 방법론을 구성하는 요소들 중에 아마도 가장 거대하고 복잡할
연구과정은 3개의 부수적인 요소를 포함하고 있으며 각 요소는 각
단계 또는 단계들로 나뉜다([그림 7-2] 참조). 과정은 도구, 준거, 구
조를 포함한다.

■ 도구

도구는 가능한 수많은 자료를 수집하는 도구를 이용 가능하게 하
고, 그로 인해 연구자들이 사용하기 위해 선택한 도구들의 윤곽을
잡는 것을 포함한다. 방법론에 관한 어느 보고서도 도구의 선택과
그들의 연구 문제와의 관련성을 다루게 된다. 이런 도구는 관찰, 설
문지(제한적인), 기록자료(편지, 교육과정, 정책 등), 면담, 전사자료 등
이다. 이 모든 것이 어느 연구 과제 범위 안에서 모두 유용하게 사용
되지는 않을 것이다.

■ 준거

내러티브 연구의 준거는 연구의 진실성, 분명함, 전이가능성을 포
함한다. 이들의 대다수는 연구에서 진정성과 진실성을 확립하는 데
주력한다. 이 중 연구자에게 끼치는 특별한 영향은 어떤 독자이든지
연구자가 수집한 결과와 이야기에 접근하도록 제대로 참고할 수 있

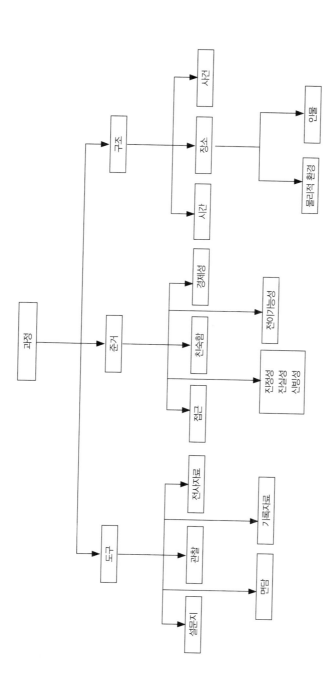

[그림 7-2] 내러티브 탐구 과정의 개요

는 방법이 필요하다는 것이다. 독자를 위한 특징적인 함의 중 하나
는 독자들이 연구 결과와 연구자가 수집한 이야기에 접근할 수 있도
록 참고문헌을 잘 구축하는 것이 필요하다는 것이다. 이것은 필수적
으로 어떤 관심 있는 독자가 연구자가 제공한 기록들이나 전사자료
내의 어떤 글의 위치나 부분을 찾을 수 있도록 돕는 색인 체계를 필
요로 한다.

■ 구조

연구는 맥락이나 배경을 묘사하는데, 이는 연구가 일어난 구조의
이미지를 형성하기 위해 조합되는 요소들을 나타낸다. 우리는 시간,
장소, 사건의 세 가지 유형이 연구의 독자에게 풍부한 정보적 맥락
을 제공한다는 것을 발견했다.

- 연구의 각 단계는 특별한 순간에 발생한다. 시간은 줄거리의 설
  명, 혹은 사건의 전개에 필요하다.
- 장소는 연구 환경의 묘사이다. 그것은 연구의 참여자들이 실행
  한 다양한 행동의 위치와 물리적 배치를 포함하고 있다. 그것의
  목적은 본질적으로 독자들에게 연구 맥락과 친숙하도록 하는
  데 있다. '배후의' 정보는 배경 시설의 세부사항, 도움을 준 직원
  그리고 다른 중요한 사람들 등 장소의 묘사를 수반할 수 있다.
- 각 연구의 사건은 특정한 시간과 공간에서 발생한다. 이러한 사
  건의 전개는 연구의 줄거리를 창조한다.

문학비평에서 사용되는 접근에 주로 의존하면서, 구조는 연구가

발생하는 장소를 확립시키려 시도한다. 그것은 주인공뿐만 아니라 그들이 활동하는 배경 그리고 그들에게 영향을 주고 지장을 주는 체계와 구조에 대한 그림을 그리는 것을 가능하게 한다. 아마도 제일 중요한 점은 이 접근은 연구 내에 주어진 인물들의 맥락과 사건을 설명하기 때문에 연구 내의 인간 요소를 강조한다.

■ 과정-요약

앞에서 살펴본 모든 과정이 합쳐져서 연구 행위에 사용된 맥락과 도구들의 묘사를 구성한다. 아마도 이 방법과 다른 내러티브 기술방법에서의 가장 특색 있는 강조점은 참여자들과 그들의 관계, 그들이 작용하는 구조, 그리고 그들의 경험에 대한 이야기들을 잘 잡아낼 수 있는 시도로 사용되는 도구들을 강조하는 인간 중심성에 있다고 할 수 있다.

협상

정의에 의하면, 협상은 관계를 포함한다([그림 7-3] 참조). 연구 맥락의 관계를 묘사하는 두 개의 유용한 범주는 다음과 같다.

- 돌봄의 관계(caring relationships)
- 힘을 돋우는 관계(empowering relationships)

연구 맥락에서 돌봄의 관계는 협력 관계, 공동체, 협동 연구 혹은 연구 참여자들이 가치 있는 것으로 간주하는 요소들을 나타낸다. 힘

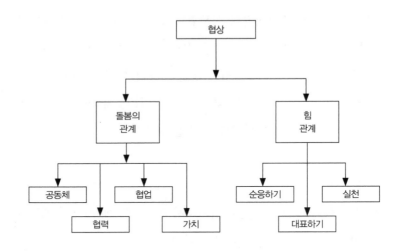

[그림 7-3] 내러티브 탐구 협상의 개요

을 돕우는 관계는 권위의 사슬을 포함하고, 그것에 순응하고, 연구자 소속기관을 책임감 있게 대표하고(때때로 모델링이라 불린다), 연구 맥락에서 그들이 채택하거나 실행하는 책임성의 다양한 행위를 포함한다. 이는 군대와 같은 강한 구조를 가지고 있는 조직에서는 상당한 영향을 줄 수 있다.

위험요소

내러티브 연구방법의 온전성을 확립할 때 내러티브의 유용성은 관련된 위험요소에 대한 고려 없이는 생각할 수 없다([그림 7-4] 참조). Connelly와 Clandinin(1990)은 상호주관성과 유연화가 내러티브 연구방법에서 두 가지 주요 제약과 잠재적 남용이라고 주장한다. 상호주관성은 적절한 성찰과 분석 없이 전체 내러티브 줄거리와 연

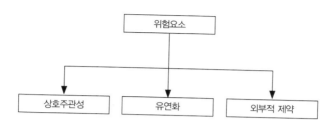

[그림 7-4] 내러티브 탐구 위험요소의 개요

구자의 역할에 쉽게 몰입하는 것이다. 유연화는 자료가 표시하는 것과 상관없이 긍정적 결과를 그려 내는 경향이다. 이것은 6장에서 언급했듯이 '비판적 타자'를 통해 접근될 수 있다.

연구 접근에 내재한 위험성 외에도 문화나 연구의 조직적인 상황에서 오는 제약, 연구 참여자들이 조정하는 논의 시간대에 관한 민감성 그리고 참여자들의 '마음 상태'(특히 아주 부담이 큰 사건 후)와 같은 외적인 위험성들이 있다.

또 다른 제약은 연구 참여자의 작업 수행과 해야 할 일들, 그리고 아주 빡빡한 연구 일정에 방해받지 않도록 자료를 모으는 과정에서 오는 어려움이다.

결과

결과는 수집된 이야기의 요약을 다시 점검하고, 그들의 결론을 용이하게 하고, 연구 자료를 이해할 수 있는 방식으로 볼 수 있도록 기술되어야 한다. 우리는 자료를 해석하는 데 있어, 비평적 사건 접근은 내러티브 혹은 스토리텔링을 사용한 연구에 있어 상당한 이익을

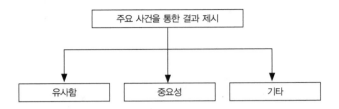

[그림 7-5] 내러티브 탐구 결과 제시의 개요

가진다는 것을 제안한다. 사건을 '주요(critical)' '유사한(like)' '다른 (other)' 사건으로 범주화하는 비판적 사건 접근의 세부사항은 5장 에서 제시했다([그림 7-5] 참조). 이 접근은 많은 자료를 조직하고 관 리하는 것과 관련된 여러 어려움을 극복한다. 본질적으로 이 접근은 '연구를 하는 데 영향을 주는 마음 여과기(mind filter)'를 허용한다. 다시 말하면, 제공된 자료는 영향력과 중요성 때문에 연구 참여자가 기억하는 사건들로 구성되어 있다는 것이다.

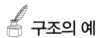 **구조의 예**

구조는 내러티브 연구 조사의 실생활 예에 어떻게 잘 들어맞는지 를 지켜봄으로써 '현실화'될 수 있다. 이것을 염두에 두고, 우리는 지 난 장에서 언급하였듯이 어떻게 구조의 개념화된 지도가 특정한 연 구 과제의 실제를 반영하는지 구체화하는 연구 과제 중 하나를 사 용한다. 우리는 4장에서 처음 언급한 항공교통 통제 훈련생의 이야 기를 포함한 과제로 돌아간다. 일반적인 것을 특정화된 것에 적용하

는 데 있어서 어느 특정한 연구 과제는 다른 것보다 훨씬 더 구조의 일정한 요소를 강조할 것이라는 사실을 주지하는 것은 중요하다. 이 과제도 물론 그렇다.

　이전 절에서 우리는 상의하달식 구조를 제시했다. 연구 과제를 시작할 때, 세부적인 정보를 수집하는 수준에서 대부분의 시간이 쓰인다. 그러므로 우리는 관계를 세부사항을 포괄하는 고차원의 개념으로 요약하기 전에 구조의 최저 단계에서 간단하지만 특성화된 세부사항을 제공하면서 연구 프로젝트의 전체 그림을 그리기로 결정했다. 다시 말하자면, 우리는 상향식 접근을 사용하는 것이다.

　묘사된 과제는 고성능 모의실험임무 장치를 사용하는 훈련 환경에서 다른 훈련자 집단과 다른 시간대에 이루어졌다. 이 환경은 혼합된 교수 접근들을 포함하기 때문에, 혼합된 자료 수집이 요구되었다. 조사는 개인 이력과 교육적 배경을 모으고 연구 과제 참가자들의 그림을 가능하게 한다. 면담은 정해진 모의실험임무의 관찰과 모의실험 장치 전과 후에 지도자와 학생 모두 다 가능했다. 모의실험임무의 관찰 후에도 나중을 위한 해석과 향후 분석을 위해 교사와 학생 사이의 의사소통이 가능하도록 녹음 장치가 모의실험 장치의 소통 장비에 부착되었다. 게다가 수업과 모의실험 업무를 포함한 전체 훈련 실습을 위한 모든 문서 안내서는 연구자들에게 제공되었다. 모의실험 업무의 정리가 되지 않은 기록물은 그 분량이 네 권보다도 더 많았다 (900쪽 이상). 〈표 7-1〉이 이를 요약한 것이다.

　연구의 유용성과 신뢰성을 세우는 것은 어떤 연구 보고서에서도 필수적인 부분이다. 6장에서도 윤곽을 드러냈듯이 이 과제에는 유용성과 신뢰성의 세 가지 요소가 강조된다. 이 범주의 가장 근저에는

〈표 7-1〉 가설적 연구 프로젝트 개요 – 과정: 도구

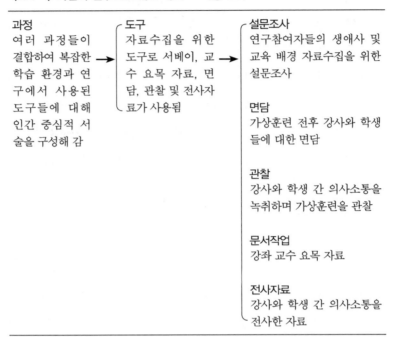

과정	도구	설문조사
여러 과정들이 결합하여 복잡한 학습 환경과 연구에서 사용된 도구들에 대해 인간 중심적 서술을 구성해 감	자료수집을 위한 도구로 서베이, 교수 요목 자료, 면담, 관찰 및 전사자료가 사용됨	연구참여자들의 생애사 및 교육 배경 자료수집을 위한 설문조사

설문조사
연구참여자들의 생애사 및 교육 배경 자료수집을 위한 설문조사

면담
가상훈련 전후 강사와 학생들에 대한 면담

관찰
강사와 학생 간 의사소통을 녹취하며 가상훈련을 관찰

문서작업
강좌 교수 요목 자료

전사자료
강사와 학생 간 의사소통을 전사한 자료

반드시 모든 수집된 기록물의 부호화된 자료에의 접근성이 색인 작업을 통해 제공되었다. 교수 요목 문서, 제한과 허락을 규정하는 작업 배경에서 연구 수행을 허용하는 편지뿐만 아니라 연구 결과로 발전된 견본 예시 등 다른 자료 출처들은 어느 독자라도 연구를 깊이 있게 탐구할 수 있도록 허용했다. 주요, 유사한 그리고 다른 사건을 활용하면 연구 맥락을 제외하고 전사본에 있는 세부사항과 영역을 그대로 재현하기 힘든 것처럼 진실성의 기준을 유지할 수 있다.

전이가능성은 비판적인 사건 도중 일어나는 복잡성과 혼란함을 특별히 다루는 컴퓨터 모의실험의 구성을 통해 강조되었다. 주요, 유사한 그리고 다른 사건의 활용은 본질상 사건의 전이가능성을 포함

하는데, 연구 내 인물 간의 전이 수준을 보장할 뿐만 아니라 다른 맥
락에의 전이를 더 용이하게 해 준다. 이 과제가 많은 양의 수집된 기
록물을 포함하기 때문에 연구에 있어서 인간 중심적 접근의 타당성
을 절충하지 않는 경제적 연구 접근을 가지는 것이 중요하다. 비판
적 사건 접근은 그 경제성을 제공해 준다. 진실성, 진정성, 친숙함은
모두 존재하나 연구 배경에서는 더욱 명료하게 나타난다. 〈표 7-2〉
가 이를 요약한 것이다.

〈표 7-2〉 가설적 연구 프로젝트 개요 – 과정: 준거

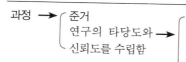

과정 ──▶ 준거
　　　　　연구의 타당도와 ──▶
　　　　　신뢰도를 수립함

접근권
연구맥락의 설정하기 위한 서신교환 내
용과 가사추적을 제공하는 색인작업이
된 보고서에 첨부된(식별정보가 제거된)
원자료에 대한 접근권

신빙성
유사사건 및 타사건을 통해 확인된 것

전이가능성
유사사건 및 타사건과 더불어 주요 사건에
대한 상세한 묘사는 다른 맥락에서의 전
이를 가능하게 한다. 다른 컴퓨터 시뮬레
이션의 개발을 통해서도 전이가능성을 봄

경제성
주요 사건의 활용은 방대한 양의 자료를
경제적으로 사용할 수 있게 함

　건물, 사무소, 교실, 모의실험 장치들의 물리적인 외형을 드러내는
지도들(모의실험 장치 내부 이미지와 결합된 탑과 레이더 모형, 교육용의
'모의' 비행사와 기술 지원 직원의 위치를 자세히 나타내는 도형)은 연구

를 그 맥락에 자리 잡아 주기 위하여 결합된다. 교수 요목 문서와 같
은 다른 서류들은 실험의 시간과 순차와 연구 참가자가 해야 할 임
무를 자세히 나타낸다. 연구와 관련된 사건들은 훈련생 교수 요목서
(모의실험 장치 순차, 수업 평가와 다른 훈련 활동 등)에서 규정되었다.
〈표 7-3〉이 이를 요약한 것이다.

〈표 7-3〉 가설적 연구 프로젝트 개요 – 과정: 구조

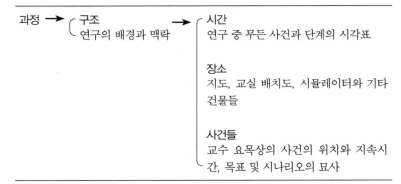

이 연구는 효과적인 이야기 포착을 가능하게 하기 위한 좋은 관계
의 발전을 요구한다. 이 연구는 군 환경에서 실행되었고 이 연구에
서 권력 관계는 기본적이었다. 명령의 서열을 따르는 것은 인정되고
존중되어야 했다. 비록 연구가 매우 구조화된 기관의 환경에서 시행
되었더라도, 친근하고 보살피는 관계성은 아직 필수적이다. 교사들
과 함께하는 협력은 연구 맥락에서 복잡함에 대한 논의를 용이하게
했다. 이 연구의 가장 중요한 점은 이 시설의 직원들과 교사들로 하
여금 이 연구가 가치 있다고 보게 하는 필요성이었다. 이것은 컴퓨
터 기반 모의실험의 발전을 통해 이루어졌으며 이를 통해 교사들은
그들의 지도 아래 항공교통 통제 훈련생들의 학습과 교수를 더 증진

시키기 위해 사용할 수 있다. 〈표 7-4〉가 이를 요약한 것이다.

〈표 7-4〉 가설적 연구 프로젝트 개요 - 협상

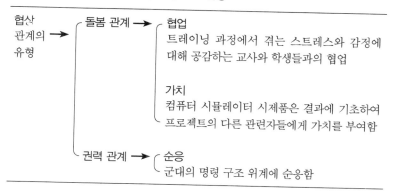

연구가 군사적 활동 맥락하에 진행되었기 때문에 언제나 어떠한 시설에 대한 접근이 아무 이유 없이 철수될 수도 있었다. 그러므로 복잡한 훈련을 견디는 참여자의 요구에 민감해질 필요가 있었다. 어떨 때는 훈련 대상자의 감정적인 요구가 인터뷰 또는 자료 수집이나 면담 접근을 제한시켰다. 이러한 요인들이 과제에 있어 강한 외부적인 제한을 만들었다. 상호주관성은 이 과제의 복잡한 측면이었다. 이는 지정된 훈련 장소의 책임자들과 협력함으로써 부분적으로 피할 수 있었다. 다른 한편, 군대에 부여된 접근 조건 때문에 방문하는 전문가나 다른 주요 지인들의 접근은 허락되지 않았고 다른 전문가들의 즉석 지도도 제한되었다. 이것은 부분적으로 연구 관리자의 세심하고 비평적인 의견을 통해 부분적으로 보상을 받았다. 유연화는 이 연구에서는 별 중대한 문제가 아니었다. 훈련의 내재적인 문제들이 있었고 군대는 그들이 조사하는 것을 허락해 주었다. 〈표 7-5〉가 이를 요약한 것이다.

주요 사건 접근은 수집된 방대한 자료들에 대한 분석과 처리, 특히

〈표 7-5〉 가설적 연구 프로젝트 개요 – 위험요소

위험요소	상호주관성
모든 연구 프로젝트에 는 위험요소가 따름 →	기관 내부의 협업 및 연구 감독에 의해 다루어짐
	외부적 제약 훈련생에게 요구되는 것에 대한 제한적 접근과 감수성

전사(transcripts) 작업을 가능하게 하였다. 수집된 네 권 조금 넘는 전
사를 통해서 주요, 유사한 그리고 다른 사건의 인식은 자료를 다룰 만
한 형태로 압축하고 동시에 이 연구의 초점이 전체론적이고 인간 중
심적일 수 있도록 보장한다. 오랜 기간 이 과제의 주요 사건들을 지지
하고 보장하는 더 많은 수의 유사한 그리고 다른 사건들과 오직 몇 개
의 세밀한 주요 사건이 부각되었다. 〈표 7-6〉이 이를 요약한 것이다.
　한 이론의 틀은 하나의 개념적 지도이다. 지도는 실체의 묘사에 불

〈표 7-6〉 가설적 연구 프로젝트 개요 – 결과

결과	→ 비판적 사건 →	비판적
보고에 있어서 비판적 사건중 심 접근법		몇 개의 시뮬레이션 연속사건이 연구 의 핵심을 포착함
		유사함 다른 훈련생이 시뮬레이터 훈련 활동 에 참가했을 때 유사한 일이 벌어짐. 그 경험이 중요하지 않을 수도 있겠 으나 그래도 상당한 영향을 발휘함
		기타 주요 사건을 확인해 주는 대화나 일 화 이야기들

과하다. 그러므로 이 틀은 결국 실체를 정의하는 것이 아니라 실체를 반영하는 것이며, 이는 부단한 조정과 개선이 뒤따라야 한다. 이 책의 저자들은 이 모든 틀이 유용하다고 생각하는 연구자들이 그들 자신의 적용을 알기 위해 그들의 연구에 그것을 응용하기를 권한다.

 ## 내러티브 연구의 위치

다른 질적 연구와 양적 연구의 방법론적 궤적에 비하면 사람의 경험으로 만들어진 이야기가 연구방법의 기초로 이용된 것은 아주 최근의 일이다. '내러티브 전환' 이후 20년여 년 동안 연구자들 사이에서 내러티브 방법에 대한 인식이 늘어나고 다양한 학문 분야로 확산되었음에도 불구하고 내러티브는 아직도 발전 중이다. 최근에 질적 연구방법으로 자리를 잡고 있으나 내러티브의 비교 문화적이고 학문 간 융합적 연구 기능과 전체적 속성을 고려해 볼 때, 우리는 내러티브가 인간 경험에 근거한 새로운 연구방법 영역으로 확립될 것으로 생각한다. 내러티브 탐구는 양적 측정방법과 분명히 구분되지만 다른 질적 방법과도 다르다. 지금이든 미래든 내러티브가 연구에 적절한 이유는 전통적인 접근을 사용해서 쉽게 연구할 수 없는 복잡한 (그리고 지속적으로 변화하는) 세상 속의 인간 경험을 다룰 수 있기 때문이다. 〈표 7-7〉은 우리가 인지하고 있는 내러티브 탐구가 주요 연구방법 분야에서 차지하는 위치를 보여 준다.

연구에서 이야기의 사용은 수없이 많은 함정과 한계를 동반하게 된다. 자료 수집은 양이 방대한 자료의 수집이 되기 쉽다. 현존의 질

〈표 7-7〉 상이한 연구방법의 특징들

양적 연구	질적 연구	내러티브 탐구
측정 가능함	인간적 요소	인간 경험
설명적/추론적 통계	논리적 귀납	지식의 전달/이해
체계적	내용 분석	주요 사건
일반화 가능함	좁히기	넓히기
다수의 연구대상	소수의 연구대상	소수의 연구대상

적 도구를 통한 전사와 추후 분석은 보다 좁은 시야로 자료를 보게 만들고 주요 사건들을 확인하거나 이야기가 발전하게끔 허락하지 않는다. 이것은 연구 분석자로 하여금 폭넓게 접근하지 못하고 끊임없이 한 사건에 파고들게 만들 수 있다. 우리는 우리가 제의한 주요 사건 내러티브 방법이 주요 사건들에 초점을 두면서 경험에 관한 이야기를 이끌어 낸다면 이러한 함정을 피하게 할 수 있다고 믿는다.

내러티브 탐구와 향후 연구 요구

우리는 경험으로 구성된 이야기를 이용한 연구는 인류가 당면한 문제점과 복잡함에 관한 유용한 통찰을 제공한다고 생각한다. 그리고 물론 이보다 더 많을 수도 있으나 우리는 연구에 특별히 가치가 있는 내러티브 탐구의 네 가지 중요한 양상을 제시한다. 인간 중심성, 학습과 교수, 학문 간 융합 연구와 평가 도구가 그것이다.

인간 중심적인 경험

변화하는 세계에서 지식의 신속하고 급격한 성장은 계속된다. 이 것은 유사한 관련 분야에서 방법과 분석을 빌려오는 동시에 다른 학문으로부터 지식의 영역에 접근하는 전문성과 지식의 새로운 하위 범주들을 창출하게 한다. 이러한 지식의 성장은 연구자들에게 수많은 새로운 복잡성과 단순히 한 학문에 제한되지 않은 전체적인 방법을 필요로 하게 한다. 인간 경험 이야기는 이런 문제에 대해 융통성이 있고 인간 중심적인 방법을 제공해 준다고 주장될 수 있다.

학습과 교수에 관한 연구

이 책은 주요 연구를 다루는 새로운 방법들에 관심을 두고 있다. 교육은 학습 연구에 과학과 인지가 준 공헌을 예전부터 인정했지만, 교육적 연구 공동체는 또한 학습이 과학과 인지적인 것 외에 '다른 것'도 포함하는 사실을 직관적으로 인정한다. 따라서 이 책은 이 '다른 것'에 대해 살펴보려는 시도이다.

이 책에서 '다른 것'은 인간 중심성과 복잡성 안에서 반영되는데, 이는 우리가 심오하고 근본적인 충동으로 지정하는 인간 삶의 속성들로 연구의 동기가 된다.

우리는 내러티브가 종종 전통적이고 경험적 기반의 연구방법이 흔히 가리고 있는 논의점을 정면으로 부각시킨다고 주장한다. 내러티브는 인간 요인들과 인간 이해에 대해 민감하다. 내러티브는 학습 환경을 바라보는 관점과, 연구방법론의 틀을 잡고 결과물들을 제출하는 방법의 관점을 제시한다. 내러티브에서 생성된 이야기들은 복잡하고 인간 중심적이며 역동적인 학습의 본질을 반영한다. 게다가 내러티브 연구의 결과물은 복잡하고 역동적이고 정교한 기술적 학습 환경을 위한 적합한 교육적 설계 무대를 제공할 수 있는데, 이는 학습과 실행을 지지하는 데 사용될 수 있는 가능한 전략들과 다루어질 필요가 있는 학생 문제들을 강조한다.

학문 간 융합 연구

계속 증가하는 인간 지식의 영역은 현존하는 학문 분야의 범위 안에서 새로운 세분과 새로운 학문 분야 모두의 발전을 이끌고 있다. 특히 인간과 인간 경험의 몇 가지 유형을 포함한 연구 환경 내에서, 방법론적 접근에 대한 움직임이 현재 증가하고 있다. 이야기들은 문학(literature)과 어학 분야의 범위를 넘어 그리고 학문 분야의 범위 안에서 자료의 풍부한 자원과 연구의 초점으로 점점 더 높은 위상을 얻었다.

예를 들어, *The Journal of Narrative and Life History*(1994)는 저널의 기고자들이 몸담고 있는 일곱 가지 학문 분야를 싣고 있다. 그것은 인류학, 교육학, 민속학 연구, 언어학, 문학비평, 심리학 그리고 사회학이다. 특히 1980년대 후반과 1990년대 중반 사이에 강력하게 일어난 '내러티브 전환(narrative turn)'은 학문 분야의 범위에서 내러티브에 초점이 맞춰진 많은 출판물이 증가한 사실에서 반영된다. 예를 들면, 역사학(예: White, 1981), 인류학과 민속학(예: Behar, 1993), 심리학(예: Bruner, 1986, 1987, 1990; Polkinghorne, 1988; Sarbin, 1986), 사회학(예: Boje, 1991) 그리고 사회언어학

(sociolinguistics; 예: Labov, 1982; Polanyi, 1985)이 있다.

법학, 의학, 간호학 그리고 교육학 관련 직업들도 내러티브를 발견해 왔다. 법학(Amsterdam & Bruner, 2000; Bruner, 2002), 의학(Hunter, 1991; Greenhalgh & Hurwitz, 1999), 간호학(Diekelmann, 2001; Ironside, 2003), 교육학(Clandinin & Connelly, 1995, 2000; McEwan & Egan, 1995; Conle, 2000) 등 몇몇 주목할 만한 출판물이 있다.

인간 존재의 복잡성이 갈수록 높아지고 우리의 이해를 형성하는 양상들이 밀접히 관련될수록 향후의 연구는 전통적인 학문 분야 경계를 쉽게 넘나들 수 있는 기능을 보여 줄 필요가 있다.

평가 접근으로서의 내러티브

몇몇 저자(예: Polanyi, 1985; Linde, 1993)는 평가가 내러티브의 특별히 가치 있는 구성 요소라고 지적한다. 이것은 인간 경험의 스토리텔링에 내재된 강력한 반성적인 구성 요소 덕분으로 볼 수 있다. 평가는 결국 참여자에게 큰 영향을 끼친 특징들을 확인하는 것과 관련되어 있다. 우리는 생각이 우리가 매일 접하는 경험들을 걸러 내고 가장 중요하고 변화하는 것들을 유지한다는 것을 알고 있다. 이것은 이 책에서 우리가 살펴본 주요 사건의 개념들과 밀접하게 관련이 있다. 반성적인 과정의 가치는 평가에 신뢰성을 부여하며 동시에 사건의 상세함에 종사하지 않고 중요한 영향력을 놓치지 않는 것을 보장한다.

우리는 측정과 책임의 시대에 더욱더 영향을 받는다. 우리의 전문적인 삶은 실행을 기반으로 한 접근의 증가를 보았다. 호주나 다른 나라들 안에서 고등교육의 경우에는 측정은 정부가 제공하는 교육

기관의 자금과 직접적으로 연관되어 있다. 고등교육의 질과 공적인 자금에 대한 책임의 원리를 기반으로 하기 때문에 만약 그들이 자금 통로를 얻는 것을 희망한다면 교육기관의 평가는 의무적이다. 많은 성패가 달려 있기 때문에 특히 복잡한 인간 노력 분야에서 적합한 평가와 측정 도구는 필요하다는 증거이다. 인간 경험의 이야기들은 이 측정 접근법에 많은 공헌을 줄 것 같다.

더욱 전통적인 평가 도구의 확인으로 작용하든지 혹은 주요 논제점이 발견되도록 확인하든지, 이 환경에서의 스토리텔링의 사용은 아직 발전 초기에 머물러 있다. 그것은 관심을 가진 연구자들에게 많은 것을 제공한다. 아마도 평가에 참여하는 사람들에게 주는 가장 명백한 장점은 스토리텔링이 또한 다른 질적 측정과 양적 측정을 위한 검증 도구로서 기능할 수 있다는 것이다.

결론

내러티브 연구의 중요성은 다양한 환경 속에서 인간 행위를 다루는 연구를 바라보고 실행하고 새로운 방법들을 탐구하는 데 있다. 이 책에서 우리는 연구의 맥락과 스토리텔링 사이의 협력 가능성을 기술했고 이 둘의 관계는 연구 문헌에서 방법론적인 접근으로서 좀처럼 다루어진 바가 없다.

우리는 복잡하고 역동적인 환경에서 특히 인간 중심성과 복잡성에 관한 연구를 위해 내러티브가 현대적인 접근법으로서 적절하다는 것을 확인한다.

Adler, H. M. (1997) 'The history of the present illness as treatment: Who's listening, and why does it matter?', *Journal of the Board of Family Physicians*, 10: 28–35.

Agar, M., Hobbs, J. R. (1982) 'Interpreting discourse: coherence and the analysis of ethnographic interviews', *Discourse Processes*, 5: 1–32.

Akhtar, M., Humphries, S. (2001) *The Fifties and Sixties: A Lifestyle Revolution*, London: Boxtree.

Amsterdam, A. G., Burner, J. S. (2000) *Minding the Law*, Cambridge, MA: Harvard University Press.

Angell, R. (1945) 'A critical review of the development of the personal document method in sociology 1920–1940', in L. Gottschalk, C. Kluckhohn, R. Angell (eds) *The Use of Personal Documents in History, Anthropology and Sociology*, New York: Social Science Research Council.

Angus, M. (1995). 'Writing about teaching', *25th Annual National Conference of the AARE*, Hobart, Tas.: AARE, November 1995, online, available at: www.aare.edu. au/ (accessed 6 June 2006).

Ball, S., Goodson, I. (eds) (1985) *Teacher Lives and Careers*, London: Falmer Press.

Banathy, B. (1996). 'Systems inquiry and its application in education', in D. Jonassen (ed.) *Handbook of Research in Educational Communications and Techonology*, New York: Simon and Schuster Macmillan.

Beaty, D. (1995) *The Naked Pilot*, Shrewsbury, UK: Airlife Publishing.

Becker, H. S. (1966) 'Introduction', in C. Shaw, *The Jack-Roller*, Chicago: University of Chicago Press.

Behar, R. (1993) *Translated Woman: Crossing the Border with Esperanza's Story*, Boston: Beacon.

Bell, J. S. (ed.) (1997) 'Teacher research in second and foreign language education' [special issue], *Canadian Modern Language Review*, 54(1).

Bell, J. S. (2002) 'Narrative inquiry: more than just telling stories', *TESOL Quarterly*, 36: 207–213.

Berger, P. L., Kellner, H. (1964) 'Marriage and the construction of reality', *Diogenes*, 46: 1–23.

Bertaux, D. (1981) *Biography and Society: The Life History Approach in the Social Sciences*, Beverly Hills, CA: Sage.

Bohl, N. (1995) 'Professionally administered critical incident debriefings for police officers', in M. Kurke (ed.) *Police Psychology into the 21st Century*, Washington, DC: APA Publishers.

Boje, D. M. (1991) 'The storytelling organization: a study of story performance in an office-supply firm', *Administrative Science Quarterly*, 36: 106–126.

Britton, J. (1970) *Language and Learning*, Harmondsworth, UK: Penguin.

Bruner, J. S. (1986) *Actual Minds, Possible Worlds*, Cambridge, MA: Harvard University Press.

Bruner, J. (1987) 'Life as narrative', *Social Research*, 54: 11–32.

Bruner, J. S. (1990) *Acts of Meaning*, Cambridge, MA: Harvard University Press.

Bruner, J. S. (1991) 'The narrative construction of reality', *Critical Inquiry*, 18: 1–21.

Bruner, J. S. (1994) 'Life as narrative', in A. H. Dyson, C. Genishi (eds) *The Need for Story: Cultural Diversity in Classroom and Community*, Urbana, IL: National Council of Teachers of English.

Bruner, J. S. (2002) *Making Stories: Law, Literature, Life*, New York: Farrar, Straus, and Giroux.

Byrne, M. (2001) 'Critical incident technique as a qualitative research method', *AORN Journal*, 74: 536–539.

Carr, D. (1986) *Time, Narrative, and History*, Bloomington, IN: Indiana University Press.

Carson, D. A. (1996) *The Gagging of God*, Grand Rapids, MI: Zondervan.

Carter, K. (1993). 'The place of story in the study of teaching and teacher education', *Educational Researcher*, 22(1): 5–12.

Chambers Combined Dictionary Thesaureus (1997) 2nd edition, edited by M. Manser, M. Thomson, Edinburgh, UK: Chambers Harrap Publishers.

Clandinin, D. J., Connelly, F. M. *Professional Knowledge Landscapes*, New York:

Teachers College Press.

Clandinin, D. J., Connelly, F. M. (2000) *Narrative Inquiry: Experience and Story in Qualitative Research,* San Francisco: Jossey-Bass Publishers.

Cohen, L., Manion, L., Morrison, K. (2000) *Research Methods in Education,* London: RoutledgeFalmer.

Conle, C. (2000) 'Narrative inquiry: research tool and medium for professional development', *European Journal of Teacher Education,* 23: 49-63.

Connelly, F. M., Clandinin, D. J. (1987) 'On narrative method, biography and narrative unities in the study of teaching', *Journal of Educational Thought,* 21: 130-139.

Connelly, F. M., Clandinin, D. J. (1988) *Teachers as Curriculum Planners: Narratives of Experience,* New York: Teachers College Press.

Connelly, F. M., Clandinin, D. J. (1990) 'Stories of experience and narrative inquiry', *Educational Researcher,* 19(5): 2-14.

Cortazzi, M. (1991) *Primary Teaching: How It Is—a Narrative Account,* London: David Fulton.

Davidson, C. N. (1993) *36 Views of Mount Fuji: On Finding Myself in Japan,* New York: Dutton.

Denzin, N. K. (1970) *The Research Act,* Chicago: Aldine.

Diekelmann, N. L. (2001) 'Narrative pedagogy: Heideggerian hermen-eutical analyses of lived experiences of students, teachers, and clinicians', *Advances in Nursing Science,* 23(3): 53-71.

Dollard, J. (1935) *Criteria for the Life History,* New Haven, CT: Yale University Press.

Dyson, A. H., Genishi, C. (1994) *The Need for Story: Cultural Diversity in Classroom and Community,* Urbana, IL: National Council of Teachers of English.

Eisner, E. W. (1988) 'The primacy of experience and the politics of method', *Educational Researcher,* 17(5): 15-20.

Elbaz, F. (1990) 'Knowledge and discourse: the evolution of research on teacher thinking', in C. Day, M. Pope, P. Denicolo (eds) *Insights in Teachers' Thinking and Practice,* London: Falmer Press.

Elbaz, F. (1991) 'Research on teachers' knowledge: the evolution of discourse', *Journal of Curriculum Studies,* 23: 1-19.

Elliot, J. (2005) *Using Narrative in Social Research: Qualitative and Quantitative Approaches,* London: Sage.

Erikson, E. H. (1956) 'The problem of identity', *Journal of American Psychoanalysis,* 4:

56-121.

Farran, D. (1990) 'Seeking Susan: producing statistical information on young people's leisure', in L. Stanley (ed.) *Feminist Praxis*, London: Routledge.

Fay, J. (2000) 'A narrative approach to critical and sub-critical incident debriefings', published dissertation, American School of Professional Psychology, online, available at: www.narrativeapproaches.com (accessed 9 June 2006).

Flick, U. (1998) *An Introduction to Qualitative Research*, London: Sage.

Fountain, J. E. (1999) 'A note on the critical incident technique and its utility as a tool of public management research', *Annual Meeting of the Association of Public Policy and Management*, Washington, DC, 4-6 November 1999.

Fullan, M. (1991) *The Meaning of Educational Change*, New York: Teachers College Press.

Gann, E. (1961) *Fate is the Hunter*, New York: Touchstone.

Gawande, A. (2005) 'The character of a doctor', *Focus: The Australian Doctor Magazine*, March: 28-30.

Ganzevoort, R. (2005) *Reading by the Lines: Proposal for a Narrative Analytical Technique in Empirical Theology*, online, available at: www.ruardganzevoort.nl (accessed 14 June 2006).

Geelan, D. (2003) *Weaving Narrative Nets to Capture Classrooms*, London: Kluwer Academic Publishers.

Geertz, C. (1973) *The Interpretation of Cultures*, New York: Basic Books.

Glaser, B., Strauss, A. L. (1967) *Discovery of Grounded Theory*, Chicago, Aldine.

Gough, N. (1991) 'An abominable snow job: systems models and the Himalayan 'eco-crisis' in VCE environmental studies', *Eingana*, 4: 24-26.

Gough, N. (1994) 'Research in fiction: detective stories as analogues of educational inquiry', *Annual Conference of the Australian Association for Research in Education (AARE)*, Newcastle, NSW, November 1994.

Gough, N. (1997) *Horizons, Images and Experiences: The Research Stories Collection*, Geelong, Vic.: Deakin University.

Graham, R. J. (1992) 'Currere and reconceptualisation: the progress of the pilgrimage 1975-1990', *Journal of Curriculum Studies*, 24: 27-42.

Green, B., Reid, J. (1995) 'Educational research, teacher education, and practical theory: towards an account of poststructuralism and pedagogy', *25th Annual National Conference of the AARE*, Hobart, Tas., November 1995, online, available at: www.aare.edu.au (accessed 6 June 2006).

Greenhalgh, T., Hurwitz, B. (1999) 'Narrative based medicine: why study narrative?' *British Medical Journal*, 318: 48–50.

Grumet, M. R. (1976) 'Existential and phenomenological foundations', in W. F. Pinar, M. R. Gurmet (eds) *Toward a Poor Curriculum*, Dubuque, IA: Kendall Hunt.

Grumet, M. R. (1981) 'Restitution and reconstruction of educational experience: an autobiographical method for curriculum theory', in L. Martin, L. Barton (eds) *Rehinking Curriculum Studies: A Radical Approach*, London: Croom Helm.

Guba, E. G., Lincoln, Y. S. (1981) *Effective Evaluation: Improving the Usefulness of Evaluation Results Through Responsive and Naturalistic Approaches*, San Francisco: Jossey-Bass.

Gudmundsdottir, S. (1995) 'The narrative nature of pedagogical content knowledge', in H. McEwan, K. Egan (eds) *Narrative in Teaching, Learning and Research*, New York: Teachers College Press.

Hanrahan, M., Cooper, T. (1995) 'Aye, its delicious, but tha's no' how y' make porridge! Personal writing for learning in a science education PhD', *25th Annual National Conference of the AARE*, Hobart, Tas., November 1995, online, available at: www.aare.edu.au/ (accessed 6 June 2006).

Harding, S. (1986) *The Science Question in Feminism*, Ithaca, NY: Cornell University Press.

Hardy, B. (1977) 'Narrative as a primary act of mind', in M. Meek, A. Warlow, G. Barton (eds) *The Cool Web*, London: Bodley Head.

Hauerwas, S., Burrell, D. (1989) 'From system to story', in S. Hauerwas, L. G. Jones (eds) *Why Narrative: Readings in Narrative Theology*, Grand Rapids, MI: Eerdmans Publishing.

Hauerwas, S., Jones, L. G. (1989) *Why Narrative: Readings in Narrative Theology*, Grand Rapids, MI: Eerdmans Publishing.

Heath, S. B. (1983) *Ways with Words: Language, Life, and Work in Communicaties and Classrooms*, New York: Cambridge University Press.

Hellman, A. P. (2005) 'Narrative and illness: the death of a doctor's friend', *Medical Journal of Australia*, 182: 9–11.

Henson, L. (1992) 'The Momina theme of life: developed biblically, theologically and contextually', unpublished thesis, Fuller Theological Seminary, Los Angeles.

Herman, D. (1999) *Narratologies: New Perspectives on Narrative Analysis*. Columbus,

OH: Ohio State University Press.

Hlynka, D., Belland, J. C. (1991) *Paradigms Regained: The Uses of Illuminative, Semiotic, and Post-modern Criticism as Modes of Inquiry in Educational Technology*, Englewood Cliffs, NJ: Educational Technology Publications.

Huberman, M. (1995) 'Working with life-history narratives', in H. McEwan, K. Egan (eds) *Narrative in Teaching, Learning and Research*, New York: Teachers College Press.

Hunter, K. (1991) *Doctors' Stories*, Princeton, NJ: Princeton University Press.

Ironside, P. M. (2003) 'New pedagogies for teaching thinking: the lived experiences of students and teachers enacting narrative pedagogy', *Journal of Nursing Education*, 42: 509-16.

Jalongo, M. R., Isenberg, J. P. (1995) *Teachers' Stories: From Personal Narrative to Professional Insight*, San Francisco: Jossey-Bass Publishers.

Jonassen, D. H. (1997) *Mindtools for Schools*, New York: Macmillan.

Josselson, R. (1996) *Ethics and Process in the Narrative Study of Lives*, Thousand Oaks, CA: Sage.

Josselson, R., Lieblich, A. (1993) *The Narrative Study of Lives*, Newbury Park, CA: Sage. *Journal of Narrative and Life History*, 4(1994).

Kraft, C. H. (1979) *Christianity in Culture*, Maryknoll, NY: Orbis Books.

Kuhns, R. (1974) *Structures of Experience*, New York: Harper and Row.

Labov, W. (1982) *Analysing Discourse: Text and Talk*, Washington, DC: Georgetown University Press.

Lather, P. (1993) 'Fertile obsession: validity after poststructuralism', *The Sociological Quarterly*, 34: 673-693.

Laub, J. H., Sampson, R. J. (1998) 'Integrating quantitative and qualitative data', in J. Z. Giele, G. H. Elder (eds) *Methods of Life Course Research: Qualitative and Quantitative Approaches*, Thousand Oaks, CA: Sage.

Lieblich, A., Tuval-Mashiach, R., Zilber, T. (1998) *Narrative Research: Reading, Analysis and Interpretation*, Thousand Oaks, CA: Sage.

Lincoln, Y. S., Guba, E. G. (1985) *Naturalistic Inquiry*, Beverly Hills, CA: Sage.

Linde, C. (1993) *Life Stories: The Creation of Coherence*, Oxford, UK: Oxford University Press.

MacIntyre, A. (1981) *After virtue*, Notre Dame, IN: University of Notre Dame Press.

MacIntyre, A. (1988) *Whose Justice? Which Rationality?*, Notre Dame, IN: University of

Notre Dame Press.

McEwan, H., Egan, K. (1995) *Narrative in Teaching, Learning and Research*, New York: Teachers College Press.

Markham, B. (1994) *The Illustrated West with the Night*, New York: Welcome Enterprises.

Measor, L. (1985) 'Critical incidents in the classroom: identities, choices and careers', in S. Ball, I. Goodson (eds) *Teachers' Lives and Careers*, London: Falmer Press.

Merrill, D. (1996) *Reclaiming the Discipline of Instructional Design*, online, available at: http://itech1.coe.uga.edu/itforum (accessed 15 June 2006).

Miles, M. B., Huberman, A. M. (1994) *Qualitative Data Analysis: An Expanded Sourcebook*, Thousand Oaks, CA: Sage.

Mishler, E. G. (1986) *Research Interviewing: Context and Narrative*, Cambridge, MA: Harvard University Press.

Mishler, E. G. (1990) 'Validation in inquiry-guided research: the role of exemplars in narrative studies', *Harvard Educational Review*, 60: 414-442.

Mitchell, W. J. T. (ed.) (1981) *On Narrative*, Chicago: Chicago University Press.

Nadler, L. (1982) *Designing Training Programs: The Critical Events Model*, Reading, Ma: Addison-Wesley Publishing Company.

Naidu, S., Cunnigton, D. (2004) 'Showcasing faculty experiences with technology enhanced teaching and learning', *AACE Journal*, 12: 141-154.

Neisser, U., Fivush, R. (1994) *The Remembering Self*, Cambridge, UK: Cambridge University Press.

Ommundsen, W. (1993) *Metafictions? Reflexivity in Contemporary Texts*, Melbourne, Vic.: Melbourne University Press.

Patton, M. Q. (2002) *Qualitative Research and Evaluation Methods*, Thousand Oaks, CA: Sage.

Pearce, L. D. (2002) 'Integrating survey and ethnographic methods for systematic anomalous case analysis', *Sociological Methodology*, 32: 103-132.

Pinar, W. F. (1975a) 'Currere: towards reconceptualisation', in W. F. Pinar (ed.) *Curriculum Theorizing: The Reconceptualists*, Berkely, CA: McCutchan.

Pinar, W. F. (1975b) 'The analysis of educational experience', in W. F. Pinar (ed.) *Curriculum Theorizing: The Reconceptualists*, Berkely, CA: McCutchan.

Pinar, W. F. (1975c) 'Search for a method', in W. F. Pinar (ed.) *Curriculum Theorizing: The Reconceptualists*, Berkely, CA: McCutchan.

Polanyi, M. (1964) *The Educational Imagination,* Bloomington, IN: Indiana University Press.

Polanyi, L. (1985) *Telling the American Story,* Norwood, NJ: Ablex.

Polkinghorne, D. E. (1988) *Narrative Knowing and the Human Sciences,* Albany, NY: State University of New York Press.

Reeves, T. (1996) 'A hopefully humble paradigm review', *ITFORUM Digest,* 21 February 1996, online, available at: http://itech1.coe.uga.edu/itforum (accessed 15 June 2006).

'Reflective stories of course participants in a Graduate Certificate in Law Teaching in 2003' (2003) Faculty of Law, Monash University, Vic., unpublished.

'Reflection on narrative by Dr Sue McNamara' (2005) interview held in October 2005, unpublished.

'Reflection on narrative by Dr Les Henson' (2006) Tabor, Vic., written in February 2006, unpublished.

Reighart, P. A., Loadman, W. E. (1984) 'Content analysis of student critical events reported in the professional introduction courses', report, Ohio State University.

Richardson, V. (ed.) (2001) *Handbook of Research on Teaching,* Washington, DC: American Educational Research Association.

Riessman, C. K. (1993) *Narrative Analysis,* Newbury Park, CA: Sage.

Rimmon-Kenan, S. (1983) *Narrative Fiction: Contemporary Poetics,* London: Methuen.

Rosen, H. (1985) *Stories and Meaning,* Sheffield: National Association for the Teaching of English.

Sacks, O. (1998) *The Man Who Mistook his Wife for a Hat and Other Clinical Tales,* New York: Touchstone.

Saint-Exupery, A. de (1943) *Night Flight,* translated by S. Gilbert, Melbourne, Vic.: Lothian.

Saint-Exupery, A. de (1945) *The Little Prince,* translated by K. Woods, London: William Heinemann.

Sarbin, T. R. (1986) *Narrative Psychology: The Storied Nature of Human Conduct,* New York: Praeger.

Sartre, J. P. (1964) *Words,* New York: Braziller.

Schon, D. (1983) *The Reflective Practitioner: How Professionals Think in Action,* New York: Basic Books.

Seidman, I. (1998) *Interviewing as Qualitative Research,* New York: Teachers College

Press.

Shaw, C. R. (1930) *The Jack-Roller*, Chicago: University of Chicago Press.

Shaw, C. R. (1931) *The natural History of a Delinquency Career*, Chicago: Chicago University Press.

Shaw, C. R. et al. (1938) *Brothers in Crime*, Chicago: Chicago University Press.

Shields, C. M., Bishop, R., Mazawi, A. E. (2005) *Pathologizing Practices: The Impact of Deficit Thinking on Education*, New York: Peter Lang.

Shulman, L. (1987) 'Knowledge and teaching foundations of the new reform', *Harvard Educational Review*, 57: 1-22.

Shute, V. J., Gawlick-Grendell, L. A. (1992) *If Practice Makes Perfect, What Does Less Practice Make?*, Brooks AFB, TX: Armstrong Lab, Human Resources Directorate.

Sikes, P. et al. (1985) *Teacher Careers: Crises and Continuities*, Lewes, UK: Falmer Press.

Silverman, D. (2000) *Doing Qualitative Research: A Practical Handbook*, London: Sage.

Sparkes, A. C. (1988) 'Strands of commitment within the process of teacher initiated innovation', *Educational Review*, 40: 301-317.

Stake, R. et al. (1978) *Case Studies in Science Education*, Center for Instructional Research and Curriculum Evaluation, University of Illinois, Washington, DC: US Government Printing Office.

'Stories of academics in higher education quality' (2006), a collection of stories in higher education, Monash University, Vic., unpublished.

'Stories of educational developers in psychiatry' (2006), a collection of stories of educational developers in psychiatry, Monash University, Vic., unpublished.

'Stories of professional practice' (2005), a collection of stories by educational developers, law teachers and other professionals, Monash University, Vic., unpublished.

Strauss, A. L. (1959) *Mirrors and Masks: The Search for Identity*, Glencoe, IL: Free Press.

Strauss, A. L., Corbin, J. (1990) *Basics of Qualitative Research: Grounded Theory Procedures and Techniques*, Newbury Park, CA: Sage.

Strauss, A. L., Corbin, J. (1998) *Basics of Qualitative Research: Grounded Theory Procedures and Techniques*, 2nd edition, Thousand Oaks, CA: Sage.

Theobald, R. (1998) *Robert Theobald and the Healing Century*, ABC Radio National, Australian Broadcasting Commission, broadcast on 5 April 1998, online, available at: www.abc.net.au (accessed 15 June 2006).

Thomas, W. I. (1923) *The Unadjusted Girl*, Boston: Little, Brown and Co.

Thomas, W. I., Znaniecki, F. (1958) *The Polish Peasant in Europe and America*, New York: Dover.

Thompson, P. (2004) 'Researching family and social mobility with two eyes: some experiences of the interaction between qualitative and quantitative data', *International Journal of Social Research Methodology*, 7: 237-257.

Toffler, A. (1998) Life Matters, ABC Radio National, Australian Broadcasting Commission, broadcast on 5 March 1998, online, available at: www.abc.net.au (accessed 14 July 2006).

Walker, R. et al. (1976) *Innovation, the School and the Teacher (1)*, Open University Course E203 Unit 27, Milton Keynes, UK: Open University Press.

Webster, L. L. (1998) 'A Story of instructional research and simulation in aviation (air traffic control)', unpublished doctoral thesis, Monash University, Vic.

Welty, E. (1979) *The Eye of the Story: Selected Essays and Reviews*, New York: Vintage Books.

White, H. (1981) 'The value in the representation of reality', in W. J. T. Mitchell (ed.) On Narrative, Chicago: Chicago University Press.

Woods, P. (1993a) *Critical Events in Teaching and Learning*, Basingstoke, UK: Falmer Press.

Woods, P. (1993b) 'Critical events in education', *British Journal of Sociology of Education*, 14: 355-371.

Yeaman, A. R. J. (1996) 'Postmodern and poststructural theory version 1.0', in D. H. Jonassen (ed.) *Handbook of Research for Educational Communications and Technology*, New York: Simon & Schuster Macmillan.

Yoder-Wise, P. S., Kowalski, K. (2003) 'The power of storytelling', *Nursing Outlook*, 51: 37-42.

찾아보기

저자 소개

Leonard Webster는 호주 Monash University의 교육학과 부교수로 재직 중이고, Patricie Mertova는 동 대학교 대학원 연구원을 거쳐 Oxford University 연구원을 지냈으며 현재 호주에서 고등교육 자문관으로 일하고 있다.

역자 소개

박순용(Pak, Soon-Yong)

연세대학교 교육학과 학사

Stanford University 국제개발교육 석사(M.A.)

University of Wisconsin-Madison 인류학 박사(Ph.D.)

전 한국교육인류학회 회장

현 한국국제이해교육학회 부회장

한국비교교육학회 이사

한국다문화교육학회 이사

UNESCO-아시아태평양교육원 이사

연세대학교 교육학과 부교수

연구방법으로서의 내러티브 탐구

Using Narrative Inquiry as a Research Method:
An Introduction to Using Critical Event Narrative Analysis
in Research on Learning and Teaching

2017년 9월 25일 1판 1쇄 발행
2022년 9월 20일 1판 4쇄 발행

지은이 • Leonard Webster · Patricie Mertova
옮긴이 • 박 순 용
펴낸이 • 김 진 환
펴낸곳 • (주) **학지사**

　　　　　04031 서울특별시 마포구 양화로 15길 20 마인드월드빌딩 5층

대표전화 • 02) 330-5114　　　팩스 • 02) 324-2345

등록번호 • 제313-2006-000265호

홈페이지 • http://www.hakjisa.co.kr
페이스북 • https://www.facebook.com/hakjisabook

ISBN 978-89-997-1373-6　93370

정가 **14,000**원

이 도서의 국립중앙도서관 출판시도서목록(CIP)은 서지정보유통지원시스템
홈페이지(http://seoji.nl.go.kr)와 국가자료공동목록시스템(http://www.nl.go.kr/kolisnet)
에서 이용하실 수 있습니다.
(CIP제어번호: CIP2017022374)

출판미디어기업 **학지사**

간호보건의학출판 **학지사메디컬** www.hakjisamd.co.kr
심리검사연구소 **인싸이트** www.inpsyt.co.kr
학술논문서비스 **뉴논문** www.newnonmun.com
원격교육연수원 **카운피아** www.counpia.com